からくりの素《もと》

ペーパークラフトブック

KARAKURI no MOTO

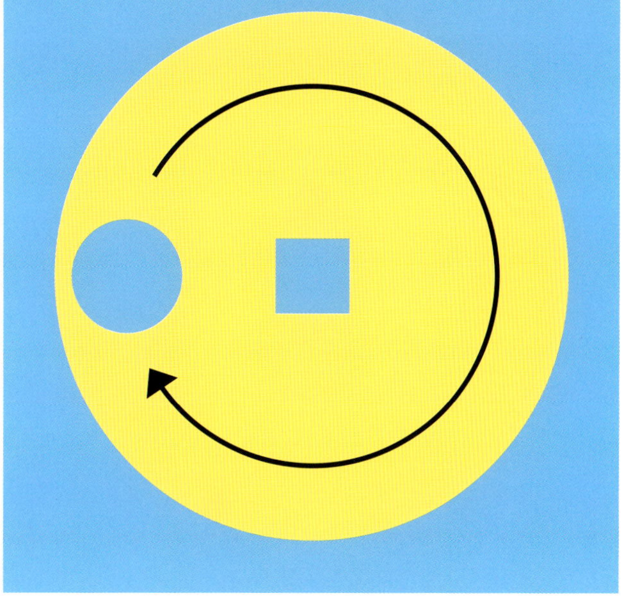

集文社

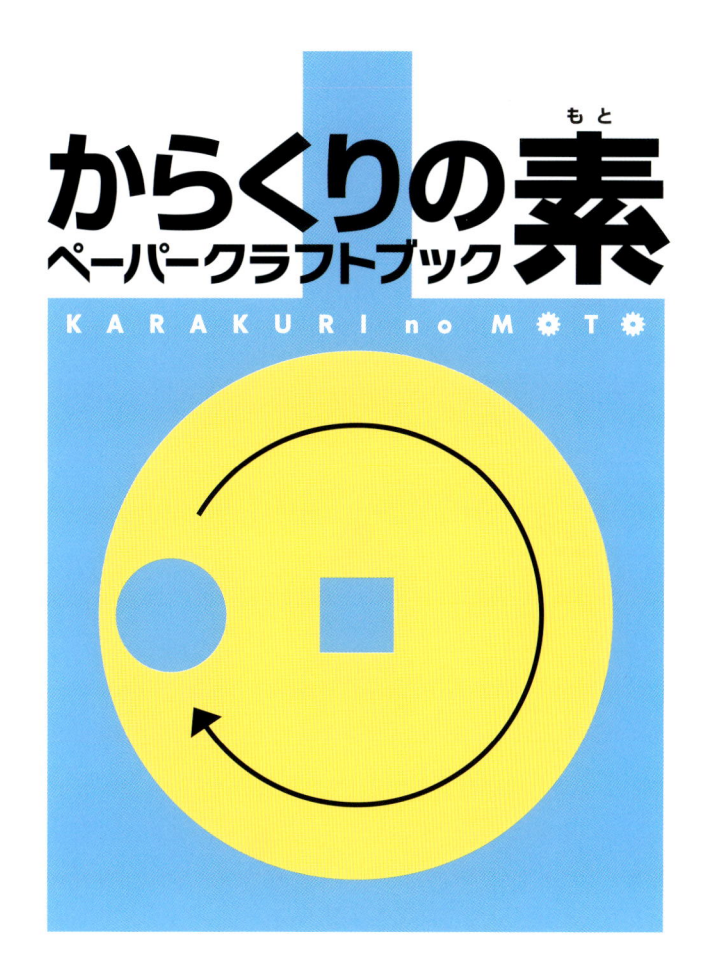

1 からくりギャラリー

著者の作品 …… 6
高校生の作品 …… 8

2 からくりのからくり

てこ lever …… 16
カム cam …… 18
クランク crank …… 20
ギア gear …… 22
リンク装置 linkage …… 24
ゼネバストップ geneva stop …… 26

コラム | 新しい〈もの創り〉の世界へ 新井俊雄 …… 28

3 からくりの素・説明図

ペーパークラフトの基礎知識 …… 30

カムA …… 32
カムB …… 33
カムC …… 34
カムD …… 35
クランクA …… 36
クランクB …… 37
クランクC …… 38
ギアA …… 39
ギアB …… 40
ゼネバストップ …… 41

活用レポート | ホワイトモデルと物理 小林雅之 …… 42
からくりの素・キット販売のご案内 …… 44
参考文献一覧 …… 45

4 からくりの素・展開図

カムA …… 49
カムB …… 53
カムC …… 57
カムD …… 61
クランクA …… 65
クランクB …… 69
クランクC …… 73
ギアA …… 77
ギアB …… 81
ゼネバストップ …… 85

連結モデル用パーツの説明と展開図 …… 89

この本に収められた10点の「からくりの素」ペーパークラフト

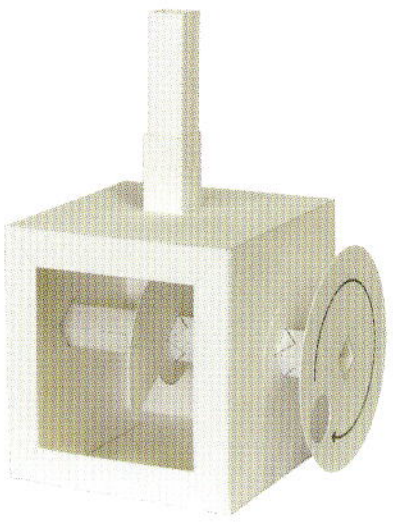

カムA ★

ロッドが上下の直線運動を
繰り返します。

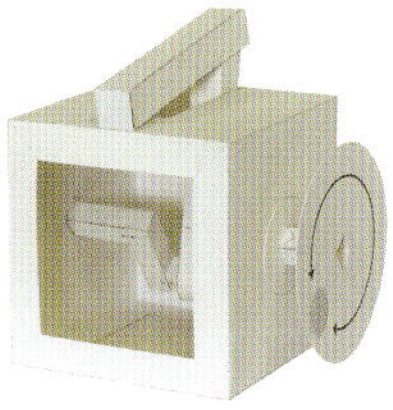

クランクB

リンク装置によってロッドが
揺れ動きます。

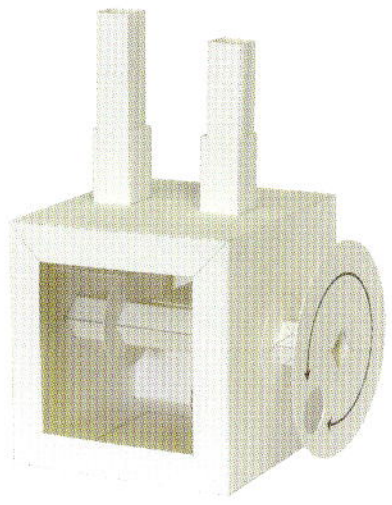

カムB ★

2本のロッドが交互に上下
運動を繰り返します。

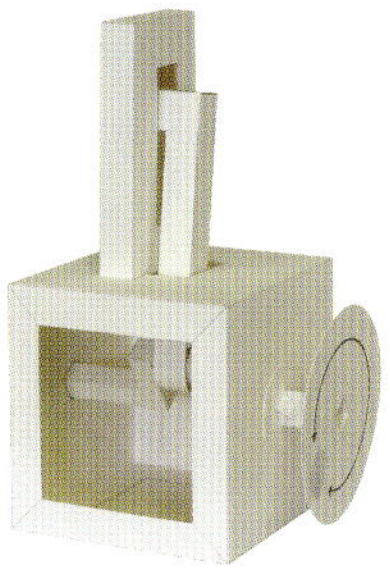

クランクC

クランクの回転運動を上下
の往復運動に変換します。

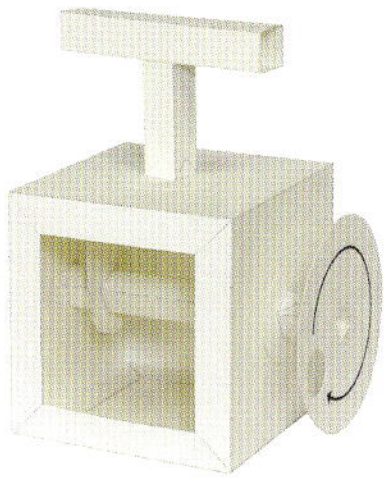

カムC ★

ロッドが左右の首振り運動
を繰り返します。

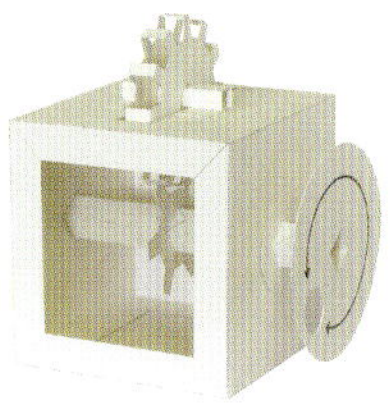

ギアA ★

ハンドルの回転と並行して
歯車が回転します。

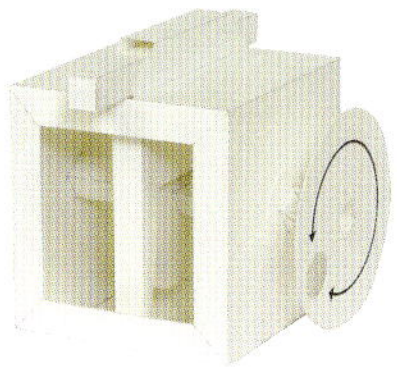

カムD ★

ロッドが前後の直線運動を
繰り返します。

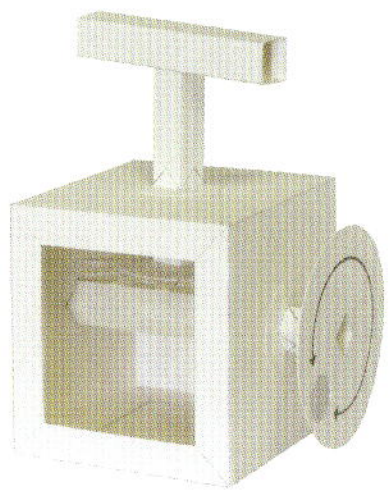

ギアB ★

ハンドルの回転と直交して
歯車が回転します。

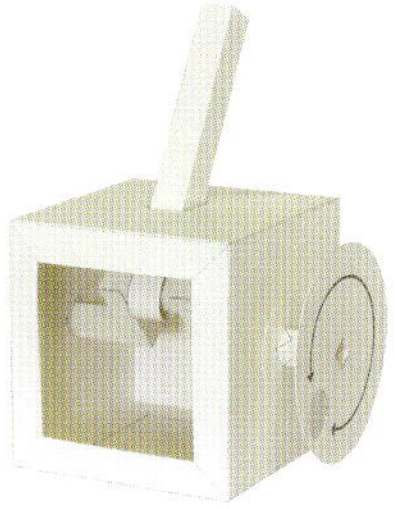

クランクA

ロッドが楕円運動を
繰り返します。

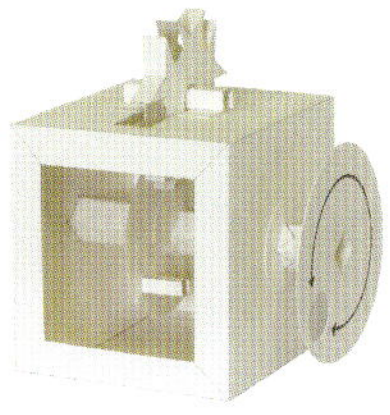

ゼネバストップ ★

歯車が断続的に
回転します。

★印のついた7点の「からくりの素」は、複数のモデルを横に並べて接続し、
1つのハンドルで回すことのできる、連結モデルとして組み立てることが
できます。詳しい説明は89ページをご覧ください。

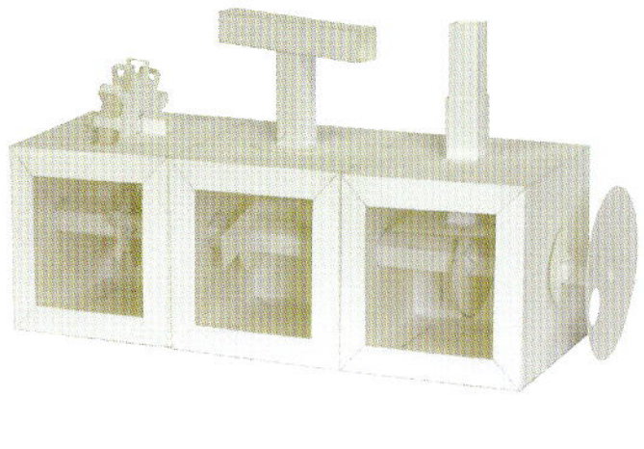

この本の使い方

オリジナル作品を作りたい

第1章「からくりギャラリー」では、著者がこれまでに作った作品に加えて、この本に収録した展開図をもとに、実際に高校生が制作した作品を紹介しています。どんな風に動くか想像できますか。

難しい理屈はともかく、まずはからくり仕掛けのペーパークラフトを作ってみたいという方は、第4章の展開図を切りとり、第3章の説明図を見ながら組み立ててください。完成したら、ハンドルの穴に指を差し込んでクルクル回してみましょう。じーっと眺めていると、何かの動きに見えてきませんか? 自由に絵を描いたり、自分で考えたパーツを貼りつければ、あなただけの“からくりペーパークラフト”の完成です。

モノが動くしくみを知りたい

第2章「からくりのからくり」では、身の回りの多くの道具や機械に応用されている、代表的なからくり＝メカニズムの基本的な原理を紹介しています。直感的に理解しやすい図版を用い、応用例はできるだけ身近で意外性のあるものを選びました。この本に収められているペーパークラフトは、これらの原理を立体化したものです。

文章や図解だけでは分かりにくい解説も、実際に自分の手を動かした後であれば、すんなり理解できるはず。組み立て終わった後に読み返せば、一段と理解が深まります。

授業やワークショップで活用したい

本書収録のペーパークラフトは、展開図のみの販売もおこなっています。失敗を気にせずオリジナル作品の制作に取り組みたい方の他にも、物理や美術の授業、ワークショップなどで、気軽にご活用ください。詳しくは44ページの「からくりの素・キット販売のご案内」をご覧ください。

1

からくりギャラリー

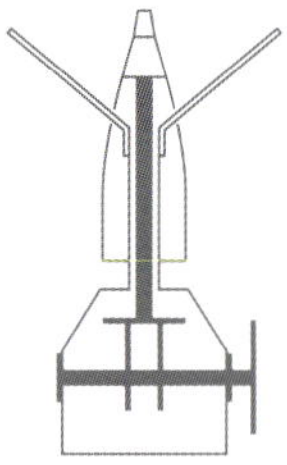

ペンギンの見果てぬ夢

市販キット

カムA

ペンギンが、氷山に見立てた台座の上でパタパタと羽ばたき続けます。カムと連動して実際に動くのは胴体の方で、根元を軸受けに固定された羽根は、胴体に開けた穴を支点として、てこの原理で大きく上下します。

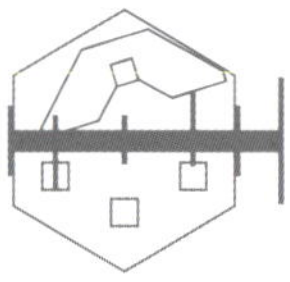

母ツバメの悩み

市販キット

カムB＋カムC

交互にエサをねだる3羽のヒナ。母ツバメは、どの子から先にエサを与えようか左右に身を振りながら悩みます。ヒナを順番に押し上げるために、向きを変えたカムを3枚使用し、両端のカムは、母ツバメの向きを変えるためにも使われています。

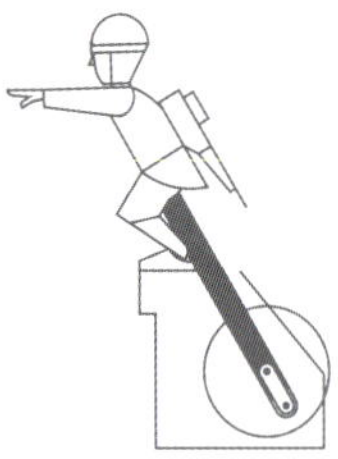

ためらう男

市販キット

クランクB

自家製の飛行機を背負った冒険家が、今まさに試験飛行に飛び立とうとしますが…、やっぱり不安で思いとどまります。台座に固定されたつま先と、クランクの回転軸を結ぶ仮想のロッドを固定した「リンク装置」ととらえることができます。

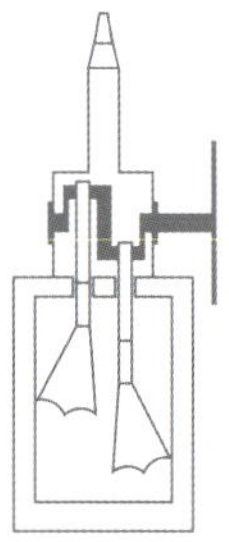

素顔の白鳥

市販キット

クランクA

ハンドルを回す側から見ても、優雅に泳ぐ白鳥には何の変化もありませんが、裏を返すと、水面下で必死に水を掻き続ける姿を見ることができます。白鳥の胴体の中には、2回に折れ曲がったクランクが隠されています。

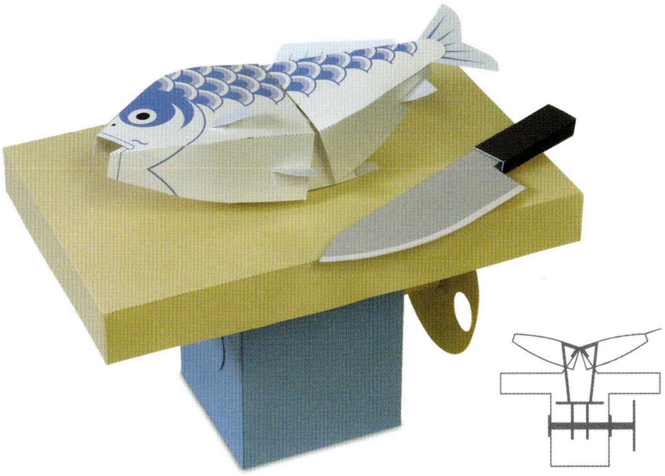

まないたの上

市販キット

カムA

人生最後の抵抗を試みる、あきらめの悪い鯉。カムの上下運動は、鯉の体の中央を支点として左右で揺れ動く運動に変えられます。ピチピチした動きを再現するために、カムには大小2つのでっぱりがつけられています。

ロボット行進曲

市販キット

カムB

ハイテクとはほど遠い外観のロボットが、よちよちと二足歩行をします。2枚のカムで交互に押し上げられる左右の足を支える軸受けの先には、腕が取りつけられており、足の動きと連動して上下します。

トナカイの準備体操

WEBコンテンツ

カムA

クリスマス・イブ直前のトナカイは、アキレス腱を伸ばしながら間近に迫った出番に備えています。カムでトナカイのお尻を上下させるだけのシンプルな構造ですが、下りの動きをよりスムーズにするために、おもりとして10円玉を使っています。

回るローカル線

WEBコンテンツより改変

ギアB

トンネルの右端は台座に固定され、左端はわずかに浮いて駅舎の乗った円板につながっています。線路を描いた円板ごと列車がクルクル回っても、トンネルと駅舎は元の位置に留まったままです。

散歩するビーグル

羊子《めぇこ》さん

ギアA

土台に取りつけられた歯車とかみ合うように2枚の歯車を追加し、それぞれがクランクとして働いて前後の足を動かします。あえてむき出しにした歯車をカラフルに彩色し、とてもポップな作品に仕上がっています。

水を飲む恐竜

野口瑞紀くん

ギアA

回転する歯車とかみ合って、恐竜の首がカクンカクンと上下します。むき出しの歯車を隠す胴体の背中にあえて穴を開けて、歯車の歯をステゴサウルスの背びれに見立てた発想が秀逸です。

ぞおさん♡

赤木沙友里さん

クランクB

リンク装置の働きによって揺れ動くロッドを、象の鼻に見立てました。クランクはカムとは異なり、横に寝かせても同じ動きをしますが、その特徴をうまく生かした作品です。

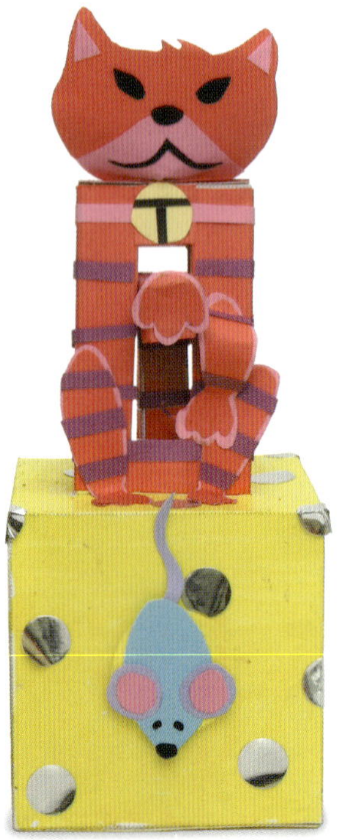

おいでおいでネコ

飯野美穂さん

クランクC

大好物のネズミを手招きするキュートなネコ。ネズミはパニックにおちいったのか、同じ場所でクルクル回転し続けます。見逃しがちな、ハンドルと反対側の軸留めの動きに目をつけた作品です。

凶暴犬の散歩

シュンスケくん

クランクC

台座全体を愛犬（?）に見立てました。リードを握った飼い主がオロオロして上下するだけではなく、台座の内部で回転するクランクをカムとしても使用し、凶暴犬の口が開閉するしくみです。

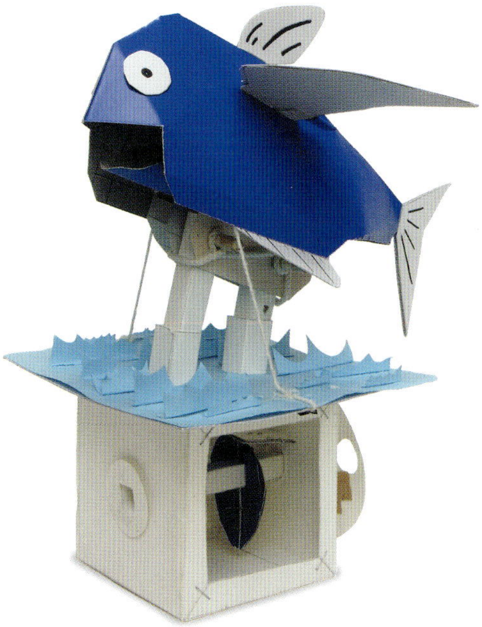

とび魚

森 一祥くん

カムB

水面をジャンプするとび魚の姿。おそらくクランクを使った方が表現しやすい動きなのですが、2本のロッドに、竹ひごや凧糸で作ったリンクを組み合わせる工夫で、上手に再現されています。

呼び鈴ペンギン

藤巻佳穂さん

カムC

左右をキョロキョロするペンギンの両手には、鈴が握られており、勢いよくハンドルを回すとチリンチリンと音が鳴ります。ここで紹介する作品の中では、音を取り入れた唯一の作品です。

イルカショー

風間梨緒さん

カムB

2頭のイルカが交互にジャンプし、天井からぶら下げられたボールをはじきます。軸受けを隠す三層の波しぶきと、ボールを吊るすために必要な周囲の枠組みが、おもちゃらしさを演出する上でも効果的に働いています。

進まない自転車

有賀香菜さん

ギアA

ギアとかみ合って回る前輪の中心を少しずらした位置に、両足が取りつけられています。自由に回転する足首、ひざ、腰の関節がクランクとして動く様子は、まさに人間が自転車をこぐ姿です。

先手必勝

ビー志郎さん

カムD

クルクル回しながら眺めていると、左右にスライドするロッドの動きが、互いの間合いをはかる2人の剣士のすり足にしか見えなくなるから不思議です。味のあるとぼけた絵も最高です。

もぐらたたき

大熊鈴子さん

カムB

上下する2本のロッドの運動を、台座の内部に追加したリンク装置によって、交互に飛び出すモグラと、それを叩こうとする両腕の動きに変えています。外から見ただけでは中のしくみが想像できない、とても手の込んだ改造です。

さかあがりできるかな

しおりさん

ゼネバストップ

ハンドル1回転につき6分の1回転しかしない歯車の“ひれ”が、鉄棒にぶら下がった女の子の足を押し上げます。断続的な動きから、さかあがりができそうでできない、もどかしさが伝わってきます。

3時のおやつだよー

石田Tさん

カムD

台座の全面をくり抜いて内部の枠の動きも利用し、上下の穴からおやつの時間を知らせるハトが飛び出します。ロッドと結んだ糸の力で扉も開閉するしくみも、手が込んでいます。

日本の一日

S.Wくん

ゼネバストップ

富士山の頂からのぞくのは太陽と月でしょうか。歯車の"ひれ"にぶつかって、断続的に出たり入ったり。まるで定点撮影をコマ落としで見ているかのような、不思議な雰囲気の作品です。

夕方のたこあげ

藤島瑠々子さん

クランクA

背を向けた少年の指先から伸びる糸の先の連凧が、夕焼け空をバックに大きく舞う様子はとても詩的です。ちなみに、なぜ夕方なのかは謎です。

海の魚たち

上田麻梨絵さん

ギアB

水平方向に回る歯車に取りつけられた円柱には、さまざまな魚の写真がコラージュされています。台座に固定された窓からのぞくと、まるで回遊式の水族館のようです。

海賊船

大伴 幸さん

クランク A

嵐の海を突き進む勇壮なバイキング船。クランクの動きを最大限に生かした大胆な動きです。紙製の台座では強度が不足するため、マストをかねた木製の棒をロッドの芯に通し、補強を加えてあります。

ボートが危ない!

櫻井里美さん

クランク B

手こぎボートが、あわや転覆の寸前まで傾いたかと思いきや、何とか持ち直します。ボートから流れ落ちる水しぶきを、セロファンで表現し、台座の内側にまで水中の絵を描いた細かい演出が効いています。

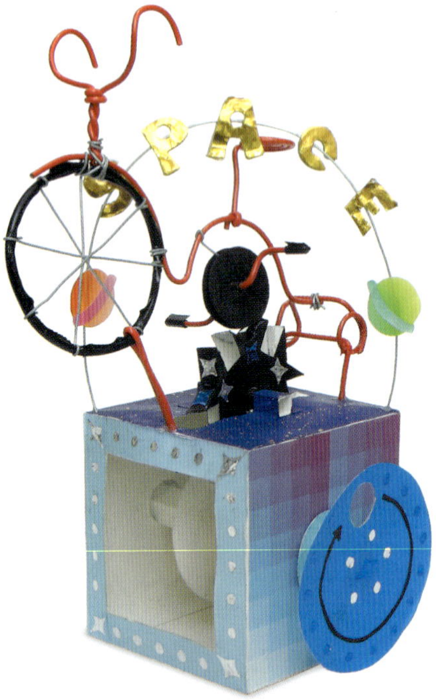

自転車で宇宙旅行

橋本さん

ゼネバストップ

自転車は針金細工で作られています。ゼネバストップの“ひれ”がペダルの取りつけられた円板を断続的に回転させ、まるで透明人間が重いペダルを踏んばりながらこいでいるかのような動きを見せます。

昔のミシン

岡田 彩さん

カムA

コトコトとなつかしい音を立てながら、カムと連動した針先が上下すると同時に、軸留めの回転運動を利用して布が送られます。摩擦を増すために段ボールのギザギザを利用した点がポイントです。

あてもなく空をさまよう

伊藤哲也くん
P.クラフターくん

カムB

2つのからくりを、ハンドルを逆向きに取りつけて合体させました。2人で息を合わせて左右のハンドルを回せば、柔らかい素材で作られたドラゴンが、身をくねらせながら脱脂綿の雲の上をさまよいます。

からくり龍

フジワラくん

カムB

2本の角が上下するだけではなく、台座の中でカムと上アゴがかみ合い、口をパクパクと開閉させます。台座を顔に、ハンドルを耳に見立てて、1つのからくりの各要素をとことん利用しつくしています。

からくり宇宙人

ダヴィンチ・マッキンくん

カムA

頭の上のロケットが上下するところまでは予想がつきますが、台座の中のカムと連動して、上下のくちびるが出入りする動きは意外です。ペットボトルやフイルムケースのふたの質感が、宇宙人らしさを盛り上げています。

食べるぞー、ベロ出しヘビ

鈴木絵梨奈さん

クランクB

舌を出したヘビが鎌首を持ち上げているようにも、大きな口をあんぐり開けているようにも見える、不思議な雰囲気を持った作品です。全体に塗りたくられた迷彩色が、不思議さを増しています。

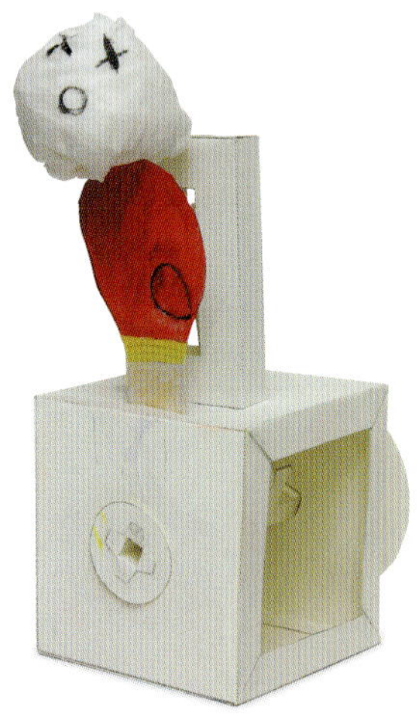

アッパーカット!!

森 隼人くん

クランクC

ロッドに取りつけられたグローブが突き上げるように連打。ティッシュペーパーを丸めてマジックでちょいちょいと目と口を書いただけの顔が、かえって効果的です。

リアルエアギター

藤森翔大くん

カムB

画びょうを使って、2本のロッドの動きを、ギターをかき鳴らす手の動きに変えています。ちなみにギターは、Gibsonのファイヤーバードです。

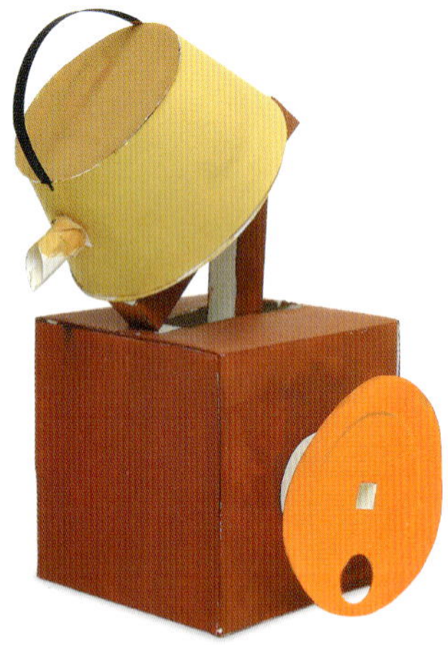

やかん

横川奥代さん

クランクB

何度注ごうとしてもお湯が出てこない、とぼけた味を持った作品です。このタイプの作品は、ていねいに作れば作るほど、おかしさが増します。

お話をお聞かせください

shimodoriくん

カムD

くりかえしマイクを突き出す、しつこいリポーター。腕が体の中心から出ているところはご愛敬ですが、カムとロッドの位置を左右にずらすことも可能です。

ボクは走り続ける

T・Sくん

クランクC

軸受けに取りつけられた円板から突き出した障害物を、きわどいタイミングで飛び越えながら、何故か笑顔で走り続けます。実際に回してみると、本当にきわどいので笑えます。

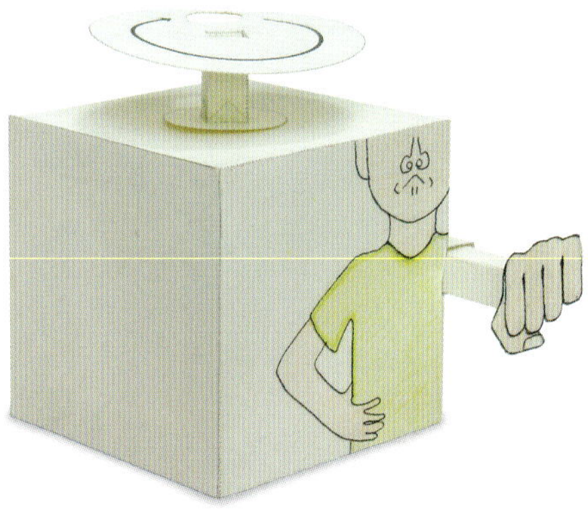

おこった人

友住彩香さん

カムD

腰に手をあてて正拳突きを繰り返す怒った人。とてもシンプルな作品ですが、パンチののろさと顔の表情があいまって、何とも言えない良い味を出しています。

2

からくりのからくり

てこ
lever

「てこ」は、人間が最も古くに発明したメカニズムの一つです。
あまりにもありふれているため見過ごしがちですが、
私たちが道具や機械と呼ぶものの中では、
必ずといって良いほどてこの原理が使われており、
力の大きさを変えたり、運動の向きを変える働きをしています。

第1種のてこ　小さな力を大きな力に変える

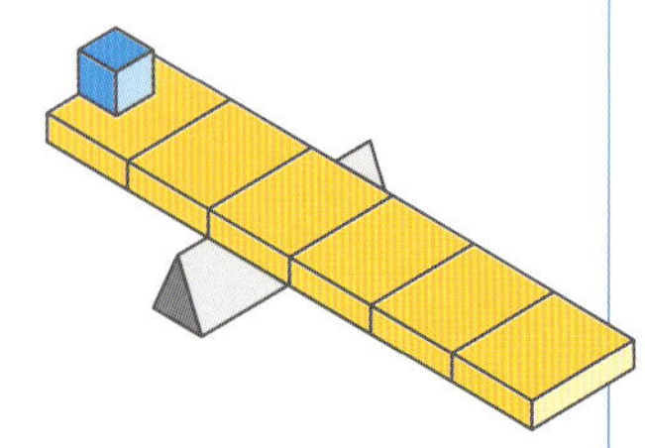

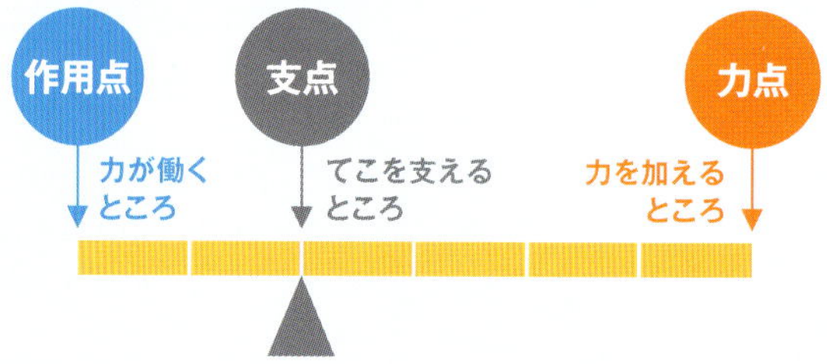

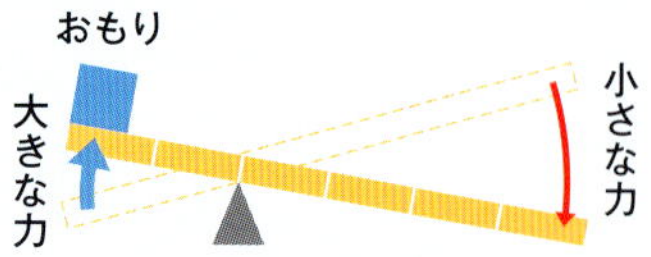

加えた力より大きな力を得ることができます。図のてこの場合、力を加える向きと力が働く向きは反対です。

第2種のてこ　小さな力を大きな力に変える

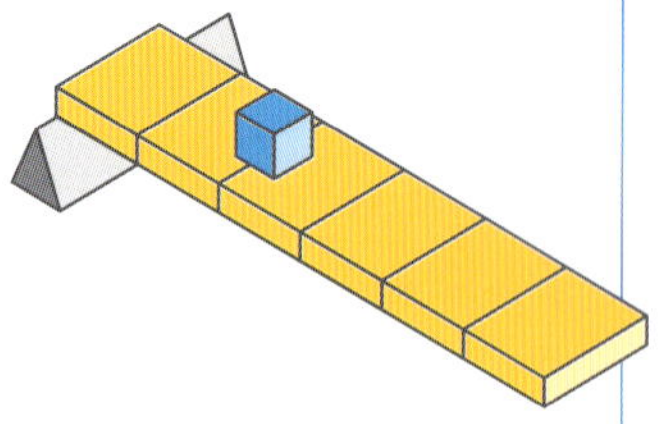

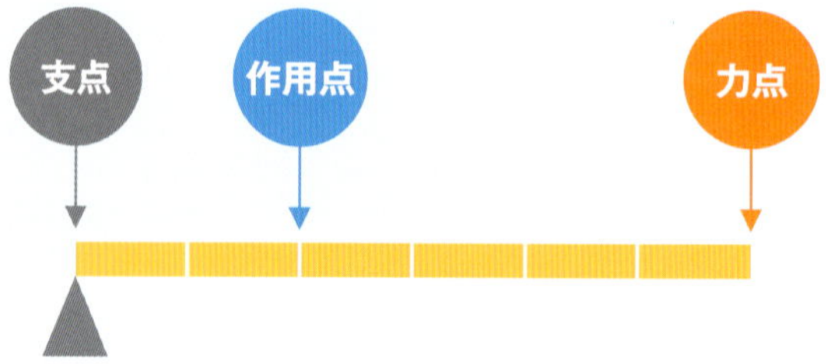

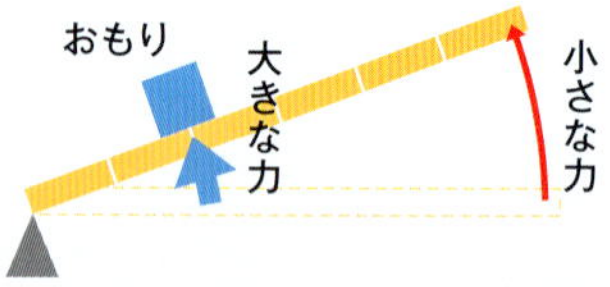

第1種のてこと同じく、加えた力より大きな力を得ることができます。加えた力と同じ向きに力が働きます。

第3種のてこ　大きな力を小さな力に変える

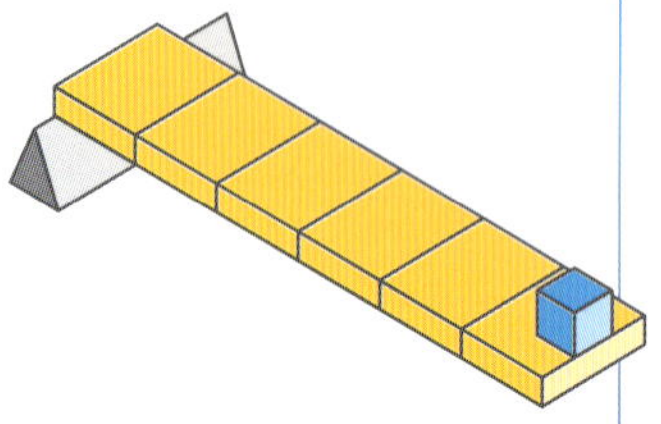

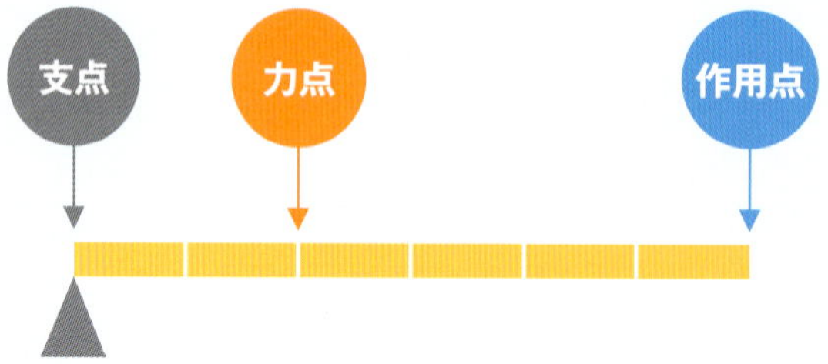

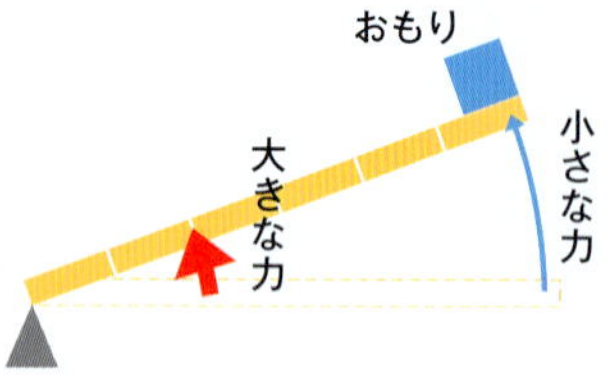

加えた力より働く力は小さくなります。力を弱めたい時や、小さな動きを大きな動きに変えたい時に使われます。

てこの原理

同じ重さのおもりを持ち上げる場合、力点から支点までの距離と、加える力の関係にはある決まりがあります。支点から力点までの距離が長ければ長いほど、必要な力は小さくてすみ、距離が2倍であれば加える力は2分の1、3倍であれば3分の1になります。距離と力をかけ合わせた数は常に一定で、これを「てこの原理」と呼びます。ただし、重りを同じ高さまで持ち上げるためには、力点をそれぞれ2倍、3倍の距離分、動かさなければなりません。

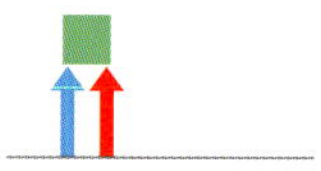

てこを使わない場合
- おもりと同じ力が必要
- 動かした距離だけおもりは動く

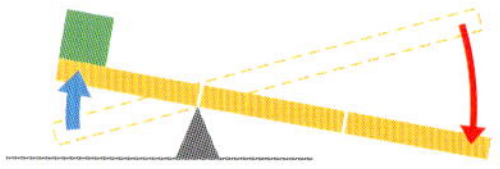

支点から力点までの距離が支点から作用点までの2倍
- 必要な力は2分の1
- 動かす距離は2倍

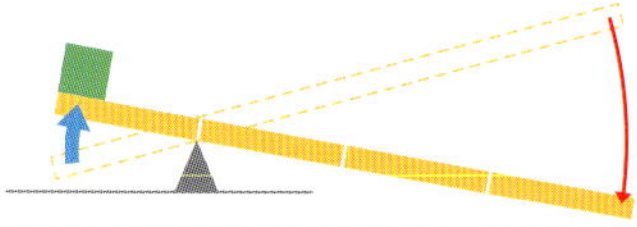

支点から力点までの距離が支点から作用点までの3倍
- 必要な力は3分の1
- 動かす距離は3倍

作って動かしてみよう

この本には「てこ」を主題としたペーパークラフトは収められていませんが、すべてのモデルのハンドル部分は、てこの応用である「輪軸」を用いています。その他にも、てこの原理で力の向きや動きの大きさが変わっているところがないか、探しながら作ってみましょう。

てこと輪軸

輪軸とは、大きさの違う円板の中心を1つの回転軸に固定したものです。回転軸を支点、2つの円板の端をそれぞれ力点、作用点と考えると、これは第2種のてこの応用であることがわかります。自動車のハンドルやねじ回しのグリップ、水道の蛇口などがその例で、「てこの原理」を利用して、直接には回しにくい中心軸を回しています。

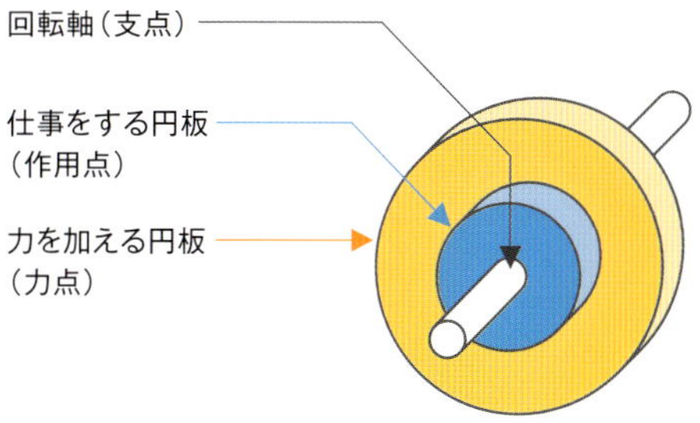

ペンチ

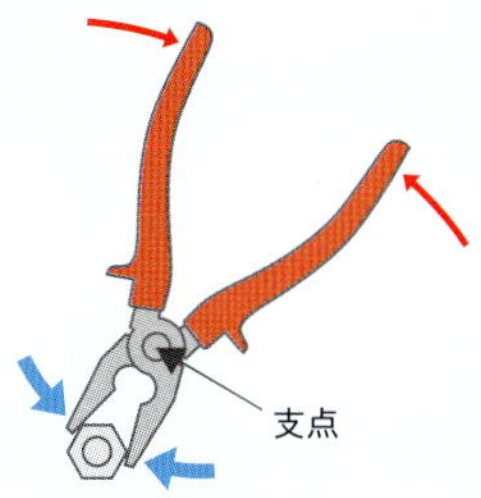

くぎぬき

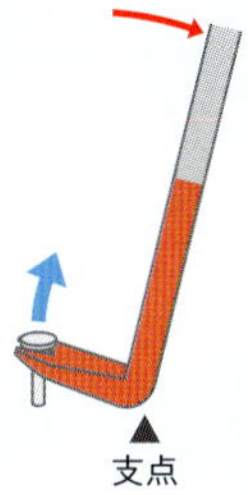

ピアノ

意外なようですが、弦楽器のひとつに数えられることもあるピアノ。鍵盤をたたく指先の力が、いくつも組み合わされたてこを通してフェルトのハンマーを振り上げ、弦をたたいて音色を奏でます。同じ力は、別のてこを通して、弦を押さえるダンパーを解放するためにも使われます。ちなみに、同じく鍵盤を持つパイプオルガンはやエレクトーンは、それぞれ別の原理で音を出しています。

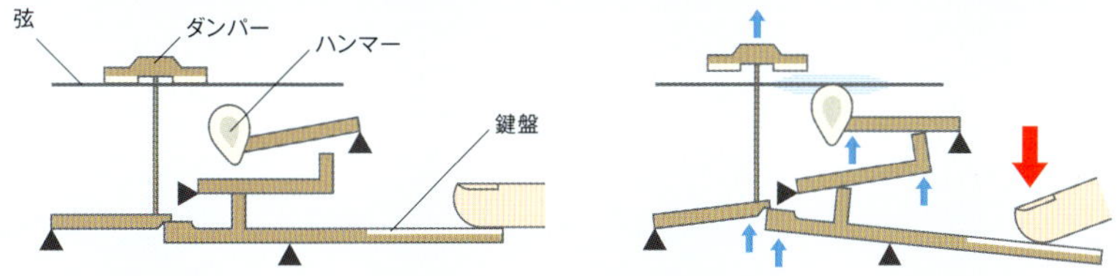

せんぬき

ハンドジューサー

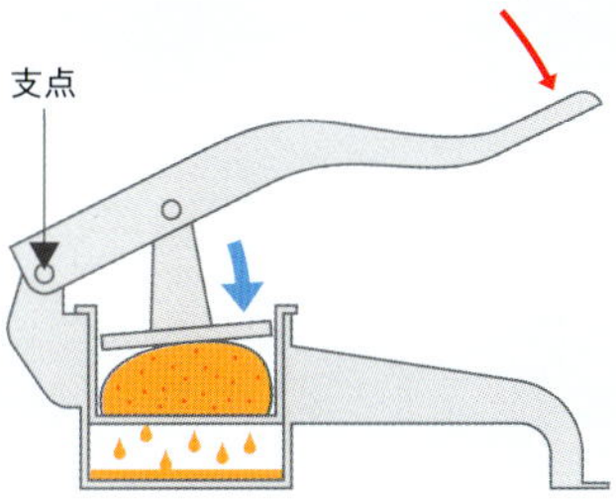

つめきり

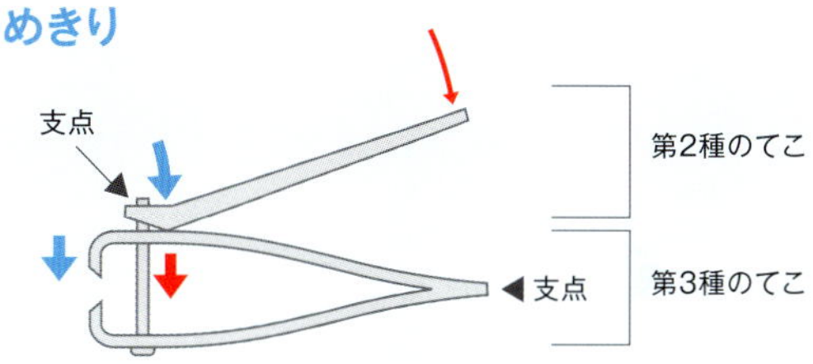

つめきりは、2つのてこを組み合わせた道具です。上のてこが、指の力を大きくして刃のついた下のてこに伝えます。下のてこの力点と作用点はとても近いため、ほとんど力を減らすことなく、軽くにぎるだけで固い爪を切ることができます。

ケーキばさみ

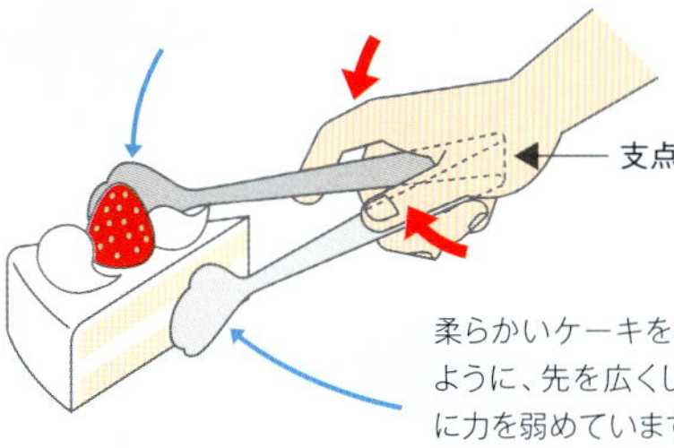

柔らかいケーキを崩さないように、先を広くして、さらに力を弱めています。

体重計

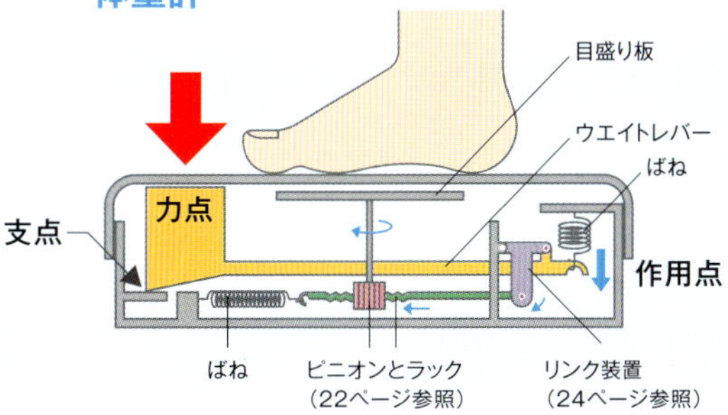

体重計は、ばねの伸びを利用して重さを計る機械です。でも何十キロもある人の体重を支えるばねを作るのは大変。そこで第3種のてこを利用して、人の体重を、小さなばねでも支えることのできる重さに変えています。ばねが伸びるとウエイトレバーが下がり、その動きがリンク装置やギアを通して目盛り板を回します。実際には図のようなてこを4本組み合わせて、体重計の中心に乗れば正確な体重が計れるように作られています。

アルキメデスは地球を動かせるか？

紀元前3世紀のギリシアの科学者アルキメデスは、当時使われた数々の機械や兵器を考案しました。それまで経験的に使われていた、てこの原理を初めて体系的にまとめたのもアルキメデスで、「わたしに充分に長いてこと足場を与えてくれれば、地球でも動かしてみせよう」という有名なセリフが残されています。

では実際に地球を動かすには、どれくらいの長さのてこが必要なのでしょうか。ためしに月を支点、太陽を力点として考えてみましょう。地球から月までの距離は、およそ38万キロメートル。地球から太陽までの距離はそのおよそ400倍（1億5000万キロメートル）ですから、地球を動かすには、実際の重さの400分の1の力ですみます。ところで地球の重さはおよそ60垓（6×10の21乗＝60kgの10億倍の1兆倍）トン。たとえ400分の1でも、1500京（15×10の18乗）トンという、ものすごい力が必要になります。では、てこの先を、現在宇宙の地平線と考えられている約140億光年先まで伸ばしてみましょう。必要な力は桁外れに小さくなりますが、それでもおよそ17000トン。さすがのアルキメデスでも、地球を動かすのはなかなか難しいようです。

カム
cam

さまざまな形をした板を回転させたり移動させたりして、その輪郭に沿って動く部品の、運動の向きやリズムを変えるメカニズムを「カム」といいます。
輪郭の形を変えることで、少ない部品から複雑な動きを作り出すことができるため、さまざまな機械で使われています。

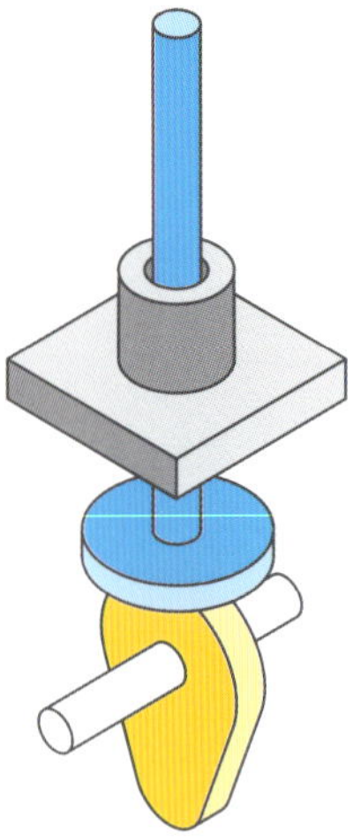

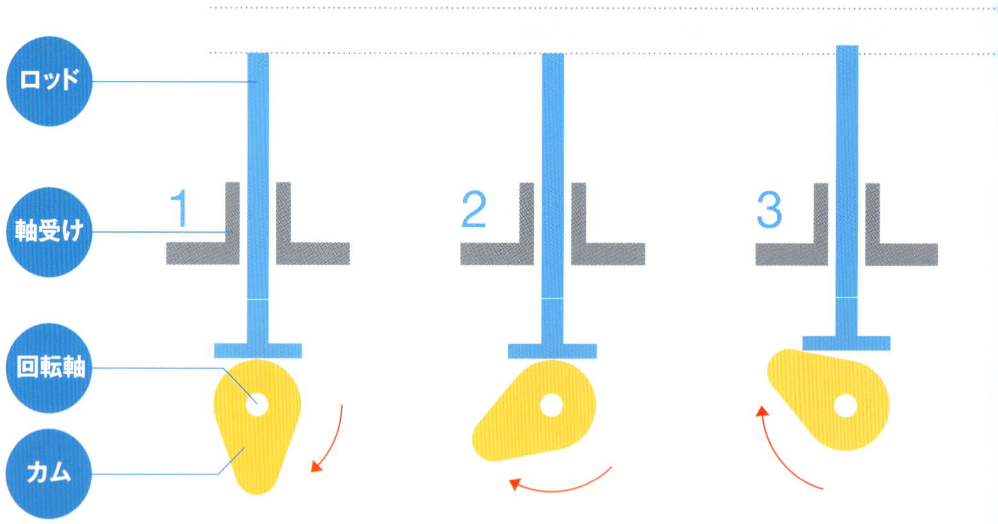

いろいろな形のカムとその動き

ロッドの先端の位置をたて軸に、カムの回転角度をよこ軸にとったグラフを描くと、カムの形によるロッドの動きの違いをひと目で見ることができます。右の図は上のカムの動きをあらわしたグラフです。

➔カムB（同じカムを向きを変えて2つ並べたもの）

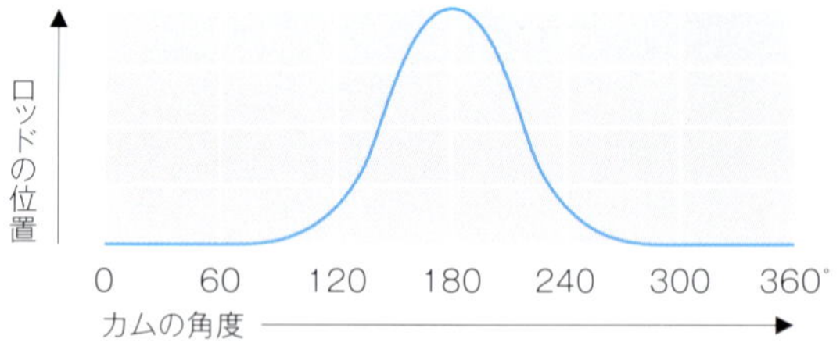

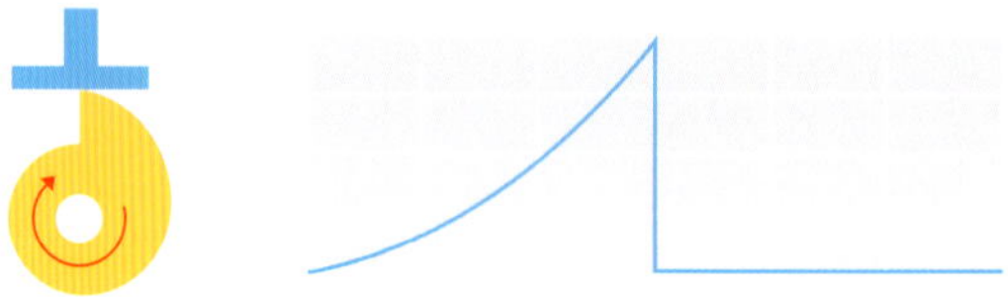

このカムは、矢印の方向にしか回すことができません。反対に回すとカムの出っ張りがひっかかって止まってしまいます。

➔カムA

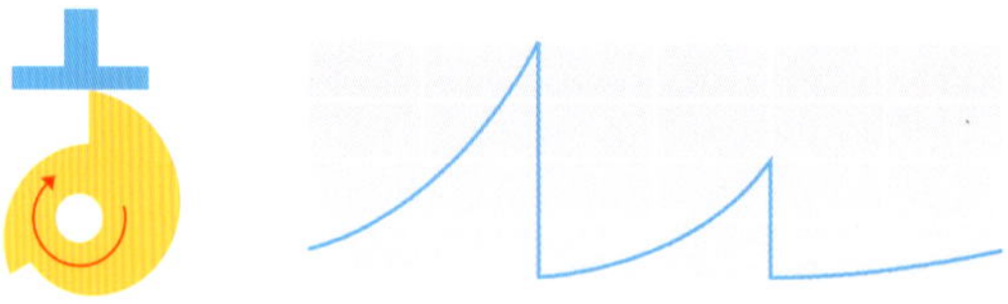

カム1回転につき、ロッドが2度上下します。図のカムでは1度目と2度目の動きの大きさが異なります。

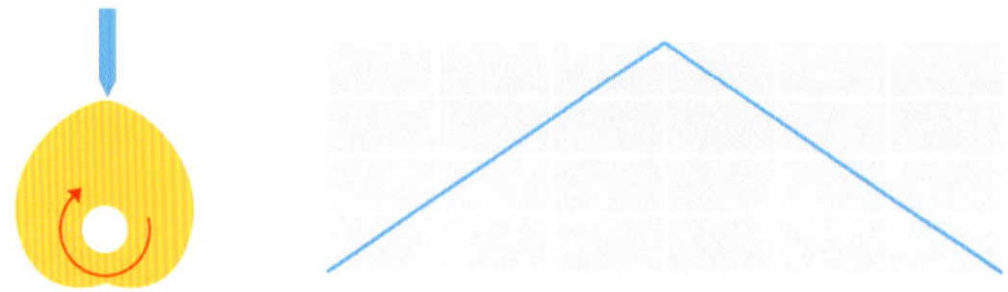

その形から「ハートカム」と呼ばれるこのカムは、ロッドの上下の動きを正確に同じ速さにしたい時に使われます。

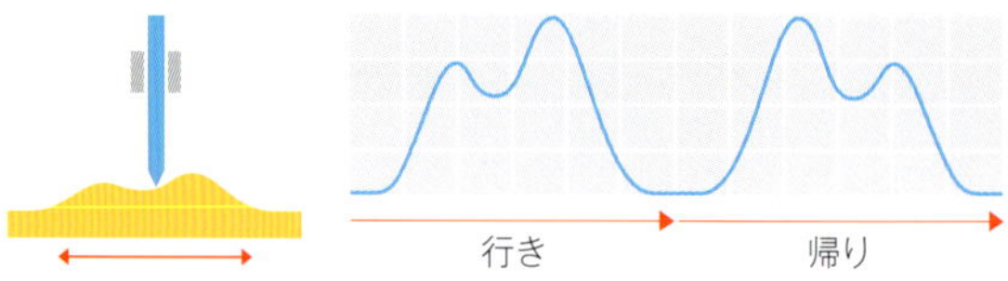

山の形をしたカムを左右に往復運動させる「直動カム」というしくみです。行きと帰りの動きは正反対になります。

作って動かしてみよう

➔カムA
ロッドが上下の直線運動を繰り返します。
説明図 32ページ
展開図 49/51ページ

➔カムB
2本のロッドが交互に上下運動を繰り返します。
説明図 33ページ
展開図 53/55ページ

➔カムC
ロッドが左右の首振り運動を繰り返します。
説明図 34ページ
展開図 57/59ページ

➔カムD
ロッドが前後の直線運動を繰り返します。
説明図 35ページ
展開図 61/63ページ

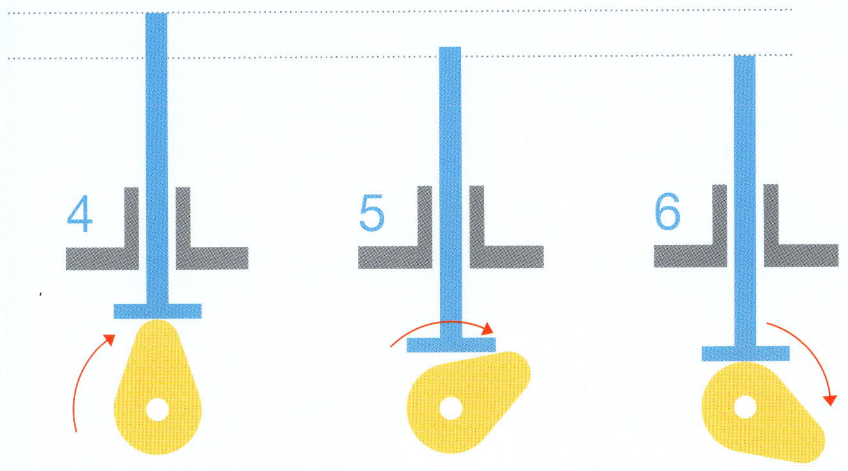

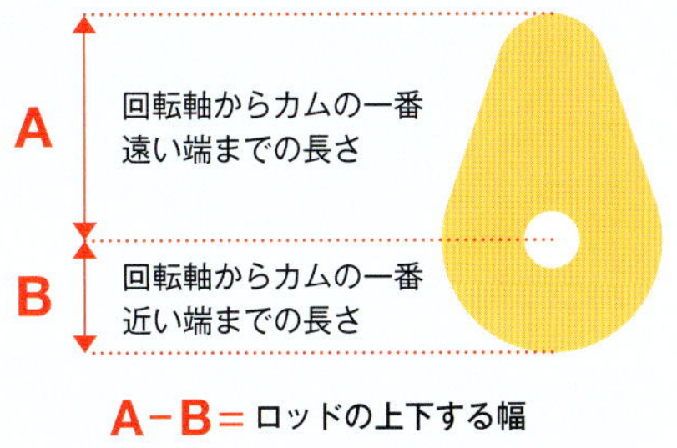

カムが1回転するごとに、ロッドが上下に1往復します。ロッドが上下する幅は回転軸からカムの端までの長さの差によって決まります。カムの形を変えることによって、1回転につき何度も往復させたり、さらに複雑な運動をさせることができます。

カムはこんなところで使われています

ピンスポッター

複雑な動きをするアームが、次々と流れてくるピンをさばき、決まった位置にセッティングします。

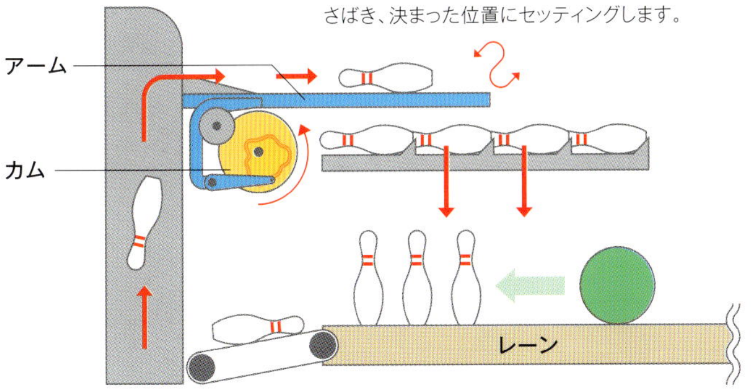

勢いよくはじき飛ばされたピンを回収し、次のフレームに備えて並べ直す、ボーリング場の裏方的存在「ピンスポッター」。その中では、複雑な形のガイドレールが刻まれた円盤（カム）が回転し、その動きと連動したアームが上下左右に動くことによって10本のピンを決まった位置に振り分けています。他にも、ボールを回収したり、レーンに残ったピンをかたづけるしくみを持ったこの機械は、今から60年ほど前にアメリカで開発され、ボーリングは爆発的なブームを迎えました。それ以前のボーリング場には、倒れたピンを手で並べ直す「ピンボーイ」と呼ばれる職業の人がいたそうです。

編み機（横編み機）

無数の針が順番に糸を引っかけ、素早く繊維を編み上げる「編み機」には、直動カムが使われています。たくさんの針が横に並んだニードルヘッドの上に、内部にカムを仕込んだキャリッジを乗せ左右に動かすことで、カムが針の突起を押し上げて、編み針が規則正しく上下します。また、コンピューターが導入される前の編み機では、ニードルヘッドの前に取りつけられた選針ドラム（突起のついた円柱）を回転させることで、キャリッジとかみ合う針を選び、柄を編んでいました。これも、カムの応用と呼ぶことができるでしょう。

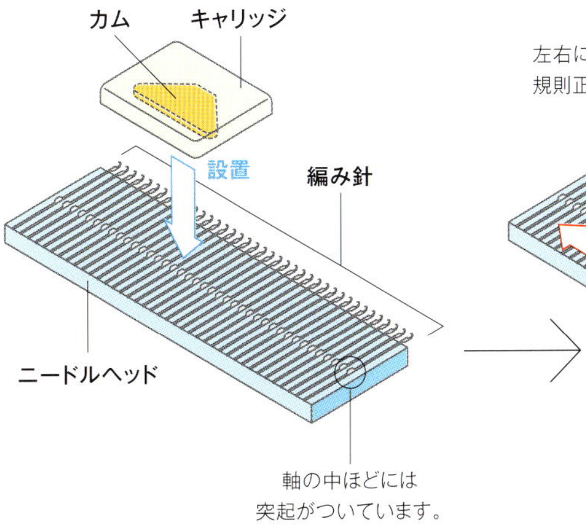

左右に動くカムが針の軸の突起を押し上げ、規則正しく針先を上下させます。

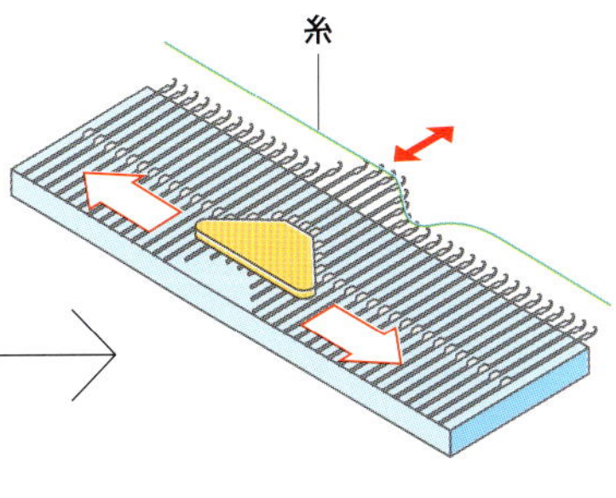

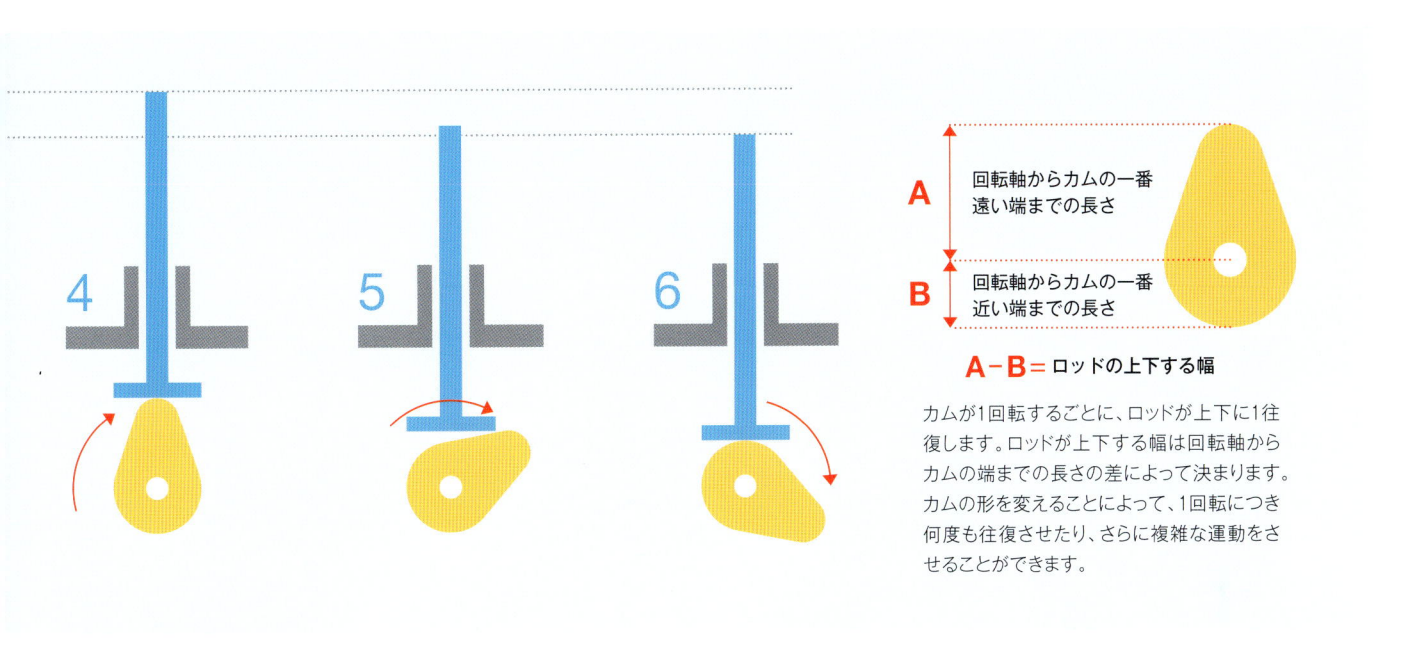

クランク
crank

「クランク」は、鉤（かぎ）型に曲がった回転軸を利用して、回転運動を往復運動に変えたり、反対に往復運動を回転運動に変えるために使われるメカニズムです。
「リンク装置」を組み合わせることによって、さらに複雑な動きを生み出すことができます。

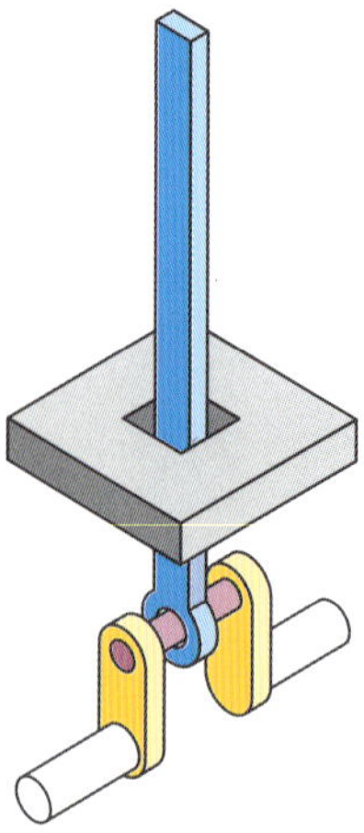

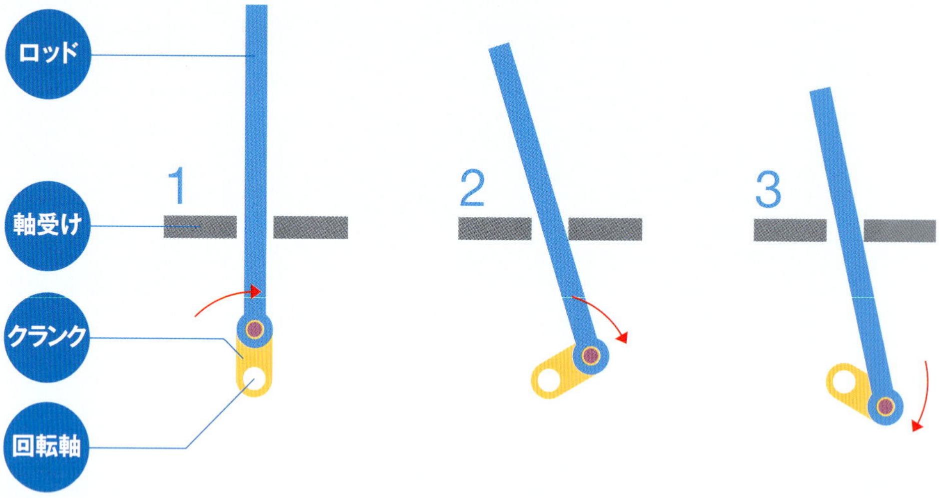

いろいろなクランクとその動き

スライダクランク

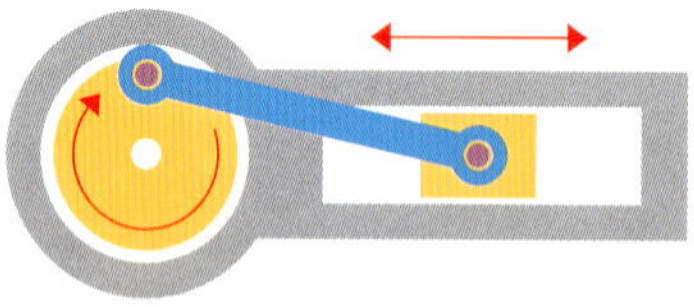

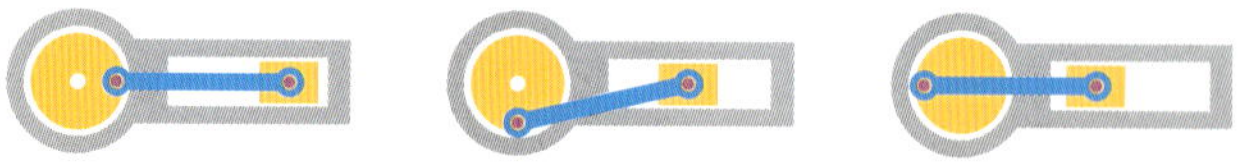

クランクの回転運動を、シリンダーに上下をはさまれたロッドの往復運動に変えるしくみです。一般的には、シリンダー内の往復運動を回転運動に変えるために使われることが多く、蒸気機関車や車のエンジンはその代表例です。

➔クランクC

クロススライダクランク

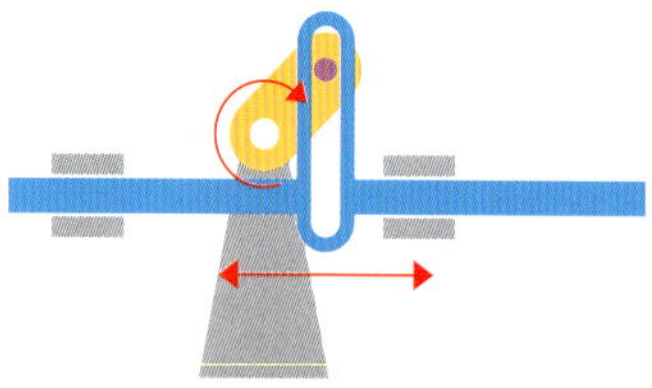

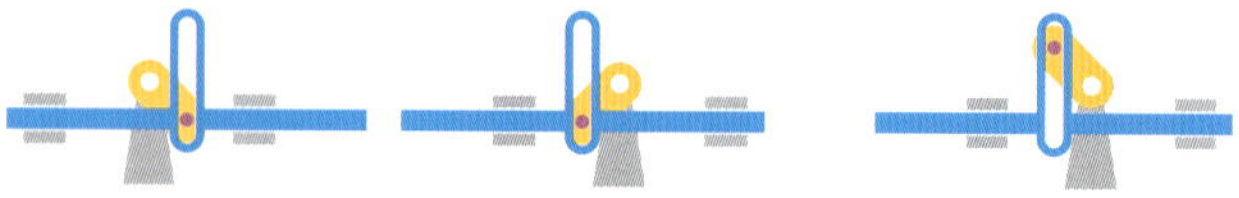

溝にはまったクランクのピンが、ロッドに直接働きかけます。溝の高さはピンの軌道の直径と等しいため、クランクの回転運動の上下の動きは打ち消され、左右の往復運動だけが引き出されます。

クランクロッカー

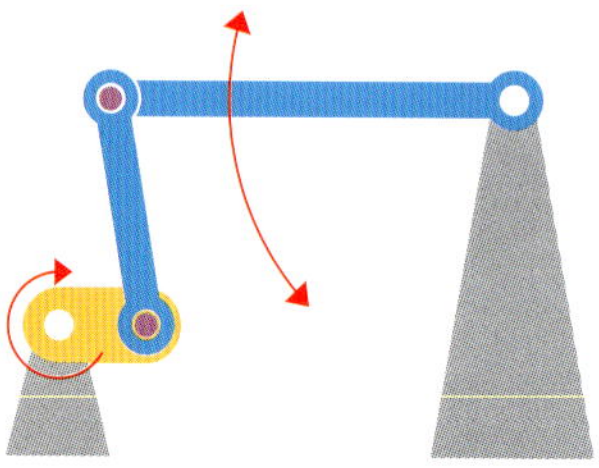

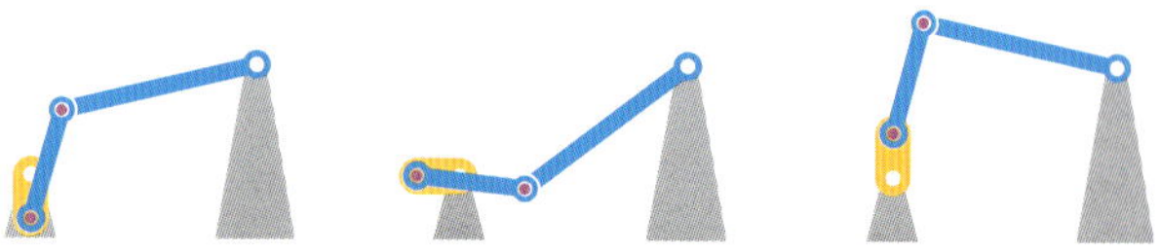

クランクの回転運動を、ロッドに取りつけた腕が上下に揺れ動く運動に変えるしくみです。足踏みミシンや自転車のペダルは、このしくみの反対方向（揺れ→回転）を応用したものです。

➔クランクB

作って動かしてみよう

➔クランクA
ロッドが楕円運動を繰り返します。
説明図 36ページ
展開図 65/67ページ

➔クランクB
リンク装置によってロッドが揺れ動きます。
説明図 37ページ
展開図 69/71ページ

➔クランクC
クランクの回転運動を上下の往復運動に変換します。
説明図 38ページ
展開図 73/75ページ

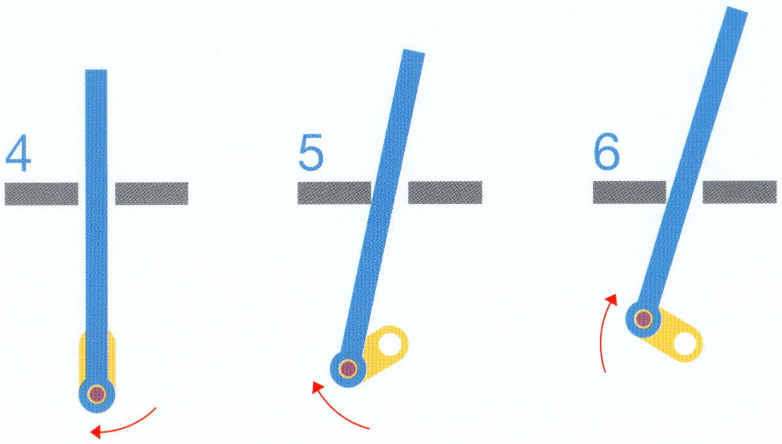

➔クランクA

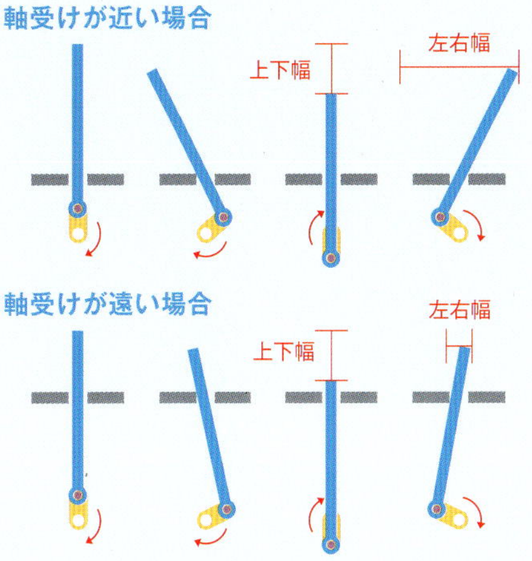

ロッドが上下する範囲はクランクのサイズによって一定ですが、ロッドが左右に動く幅は、回転軸と軸受けまでの距離によって変わります。

クランクはこんなところで使われています

車のエンジン

私たちに一番身近な機械、自動車の中ではさまざまなメカニズムが使われていますが、ここではカムとクランクの働きに注目して、エンジンを取り上げます。「吸気」「圧縮」「燃焼・膨張」「排気」の4つの行程の繰り返しで動くタイプのエンジンを「4サイクルエンジン」と呼び、1つのサイクルでピストンが2往復、つまりクランクが2回転します。

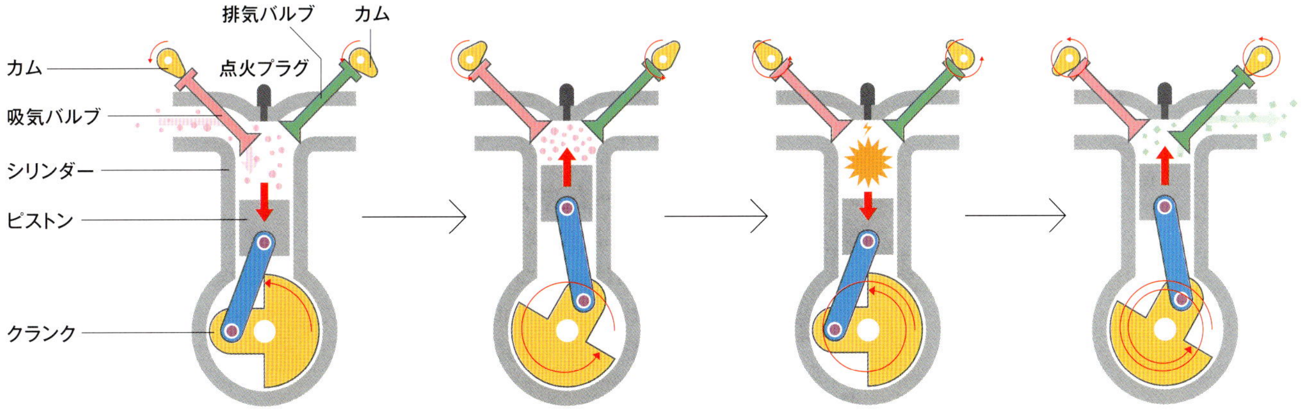

吸気行程
カムの働きで吸気バルブが開き、燃料の混ざった空気（混合気）がシリンダーの中に吸い込まれます。

圧縮行程
両方のバルブが閉じ、上がってきたピストンによってシリンダー内の混合気が圧縮されます。

燃焼・膨張行程
点火プラグで着火された混合気が爆発的に燃焼してピストンを押し下げます。

排気行程
爆発の勢いで再び上がってきたピストンが、排気ポートから燃焼ガスを押し出します。

電動歯ブラシ

ブラシが回転するタイプの電動歯ブラシでは、モーターの回転運動を2つのクランクを使って、ブラシの回転につなげています。モーターの先についた小さなギア（ピニオン）と接する部品はクラウンギアと呼ばれ、かさ歯車（P22）と同じく、回転の向きを立体的に変える働きを持っています。

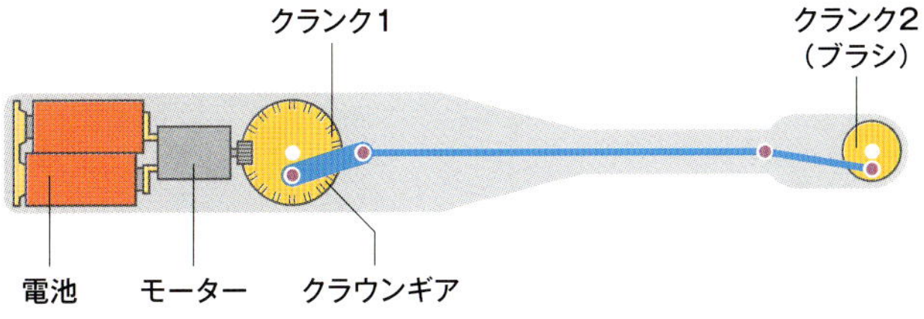

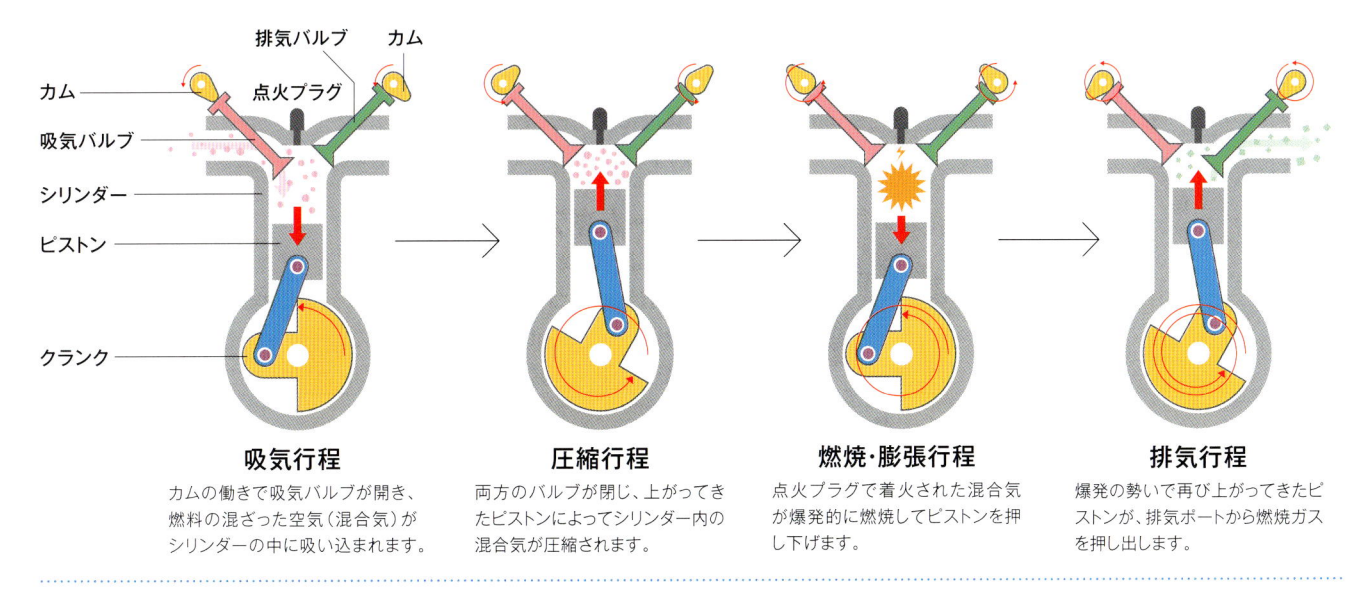

ギア
gear

時計や自転車など、私たちが一番見なれているメカニズムが「ギア」かもしれません。回転運動の向きを変えると同時に、運動の速さや力の大きさを変える働きをしています。
歯車どうしをかみ合わせるかわりに、チェーンやベルトを使って遠くまで運動を伝えることもできます。

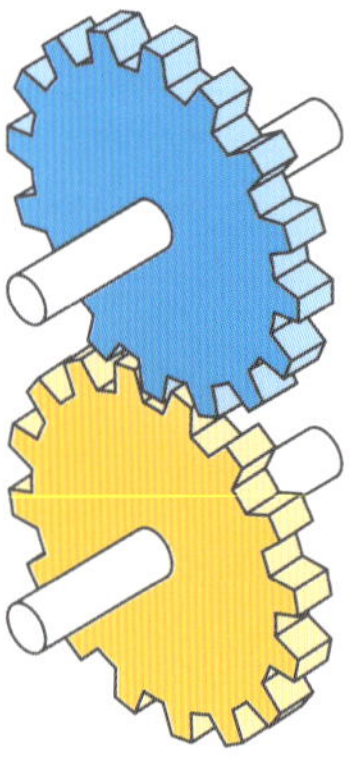

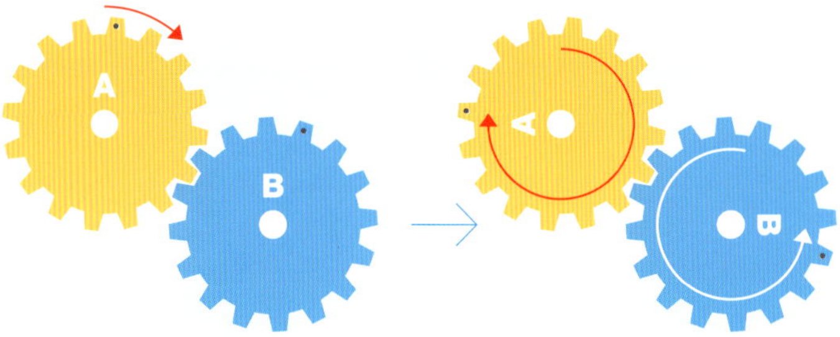

同じ大きさの歯車

歯の数が同じ歯車を2つ並べた場合、Aの歯車を1回転させるとBの歯車も1回転します。回転の速さは変わらず、向きだけが反対になります。

大小の歯車

Aの歯の数をBの半分にすると、Aが1回転してもBは半分しか回りません。つまり、回転する速さが半分になります。

➔ギアA

いろいろなギアとその動き

上の歯車は「平歯車」と呼ばれ、もっともよく見かけるものですが、この他にも、機械や身近な道具の中では、形や組み合わせ方を変えたさまざまな歯車が使われています。

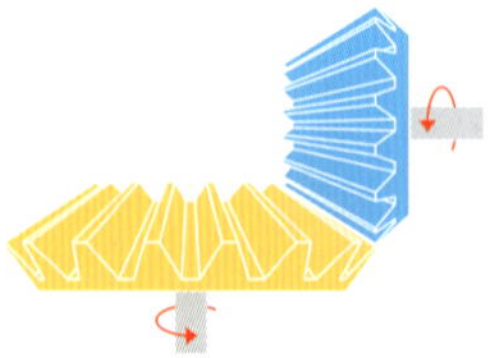

かさ歯車

かさの形をした歯車で、歯は円すいに沿って斜めに刻まれています。二つの歯車の回転軸は直角に交わることが多く、回転運動の向きを立体的に変えることができます。

➔ギアB（かさ歯車と似た動きを、通常の歯車を直角にかみ合わせて再現したもの）

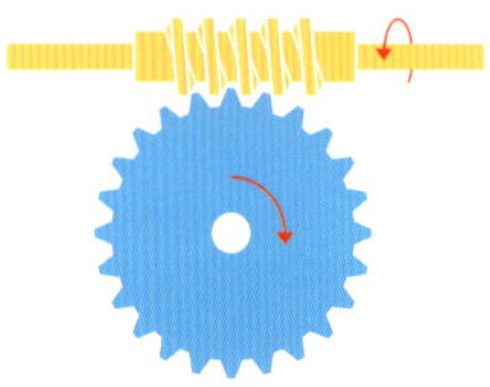

ウォームギア

ねじのように溝が刻まれた軸を回すことで、歯車をゆっくりと回します（軸1回転につき歯1枚）。モーターの高速回転を必要な速さにまで急激に落とすために使われます。軸の回転する様子が、ミミズ（worm）が這っているように見えることから、この名前がつけられました。

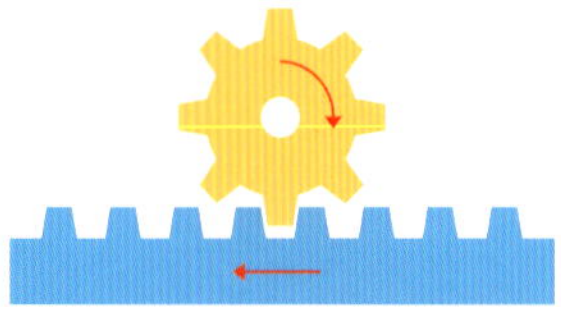

ピニオンとラック

小さな歯車（ピニオン）を回すことによって、歯が刻まれた板（ラック）が直線運動をします。反対に、ラックを動かすことによってピニオンを回すこともあります。カメラの三脚などで使われています。

遊星歯車

2つの歯車の回転軸を自由に回転する腕で結びつけたものを、太陽の回りを惑星（遊星）が回る様子に見立てて遊星歯車と呼びます。歯のかみ合わせによる回転（自転）と、腕の回転（公転）が組み合わさって、他の歯車にはない複雑な動きをします。遊園地のコーヒーカップや、鉛筆削りなどがその例です。

作って動かしてみよう

➔ **ギアA**
ハンドルの回転と並行して歯車が回転します。
説明図 39ページ
展開図 77/79ページ

➔ **ギアB**
ハンドルの回転と直交して歯車が回転します。
説明図 40ページ
展開図 81/83ページ

歯車とプーリー（ベルト車）

チェーンではなく、ゴムなどでできたベルトを使うことにより、さらに自由に回転の向きを変えることができます。上はベルトを十字にかけたもの、下は90度ねじってかけたものです。歯車には直接ベルトをかけることができないので、ベルトのすべりを防ぐために、実際の機械ではいろいろな工夫がなされています。

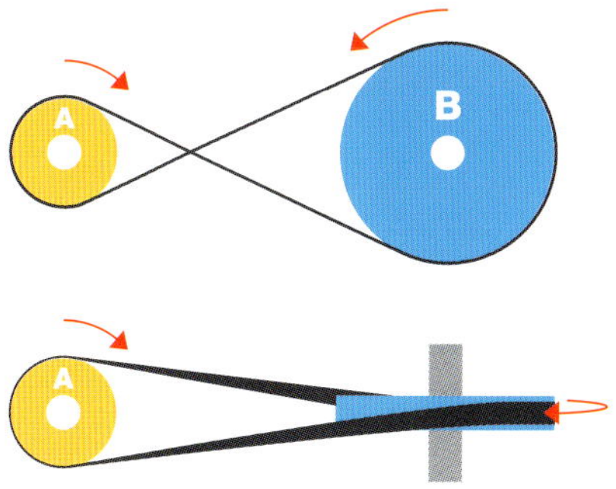

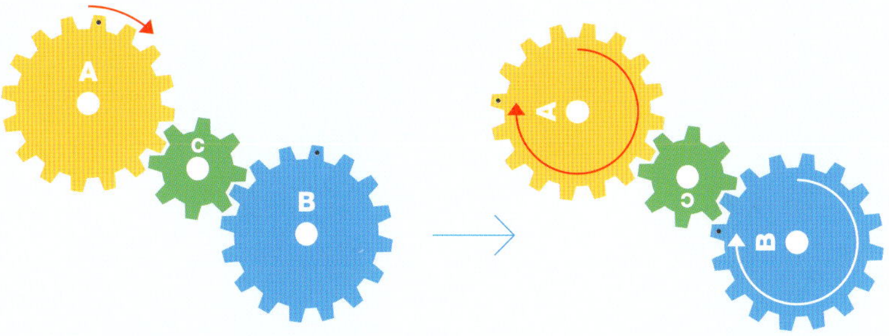

複数の歯車

AとBの間にもう1枚の歯車を入れると、回転の向きが反対の反対、つまりAと同じ向きに戻ります。図のギアの場合、AとBの歯の数は等しいため、Cの歯の数に関わりなく、ABの回転する速さは同じですが、大小の歯車を何枚も組み合わせることによって、回転の方向や速さを自由に調整することができます。

大きな歯車との組み合わせ
軽くこげるがあまり進まない

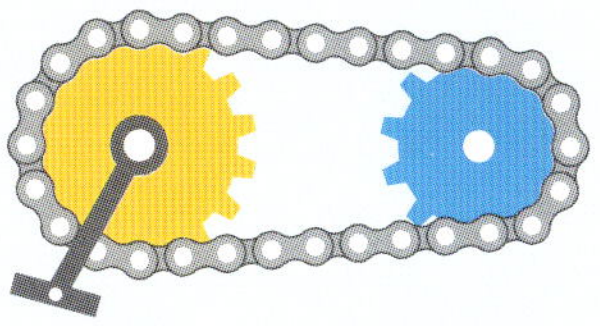

小さな歯車との組み合わせ
力は必要だが速く進む

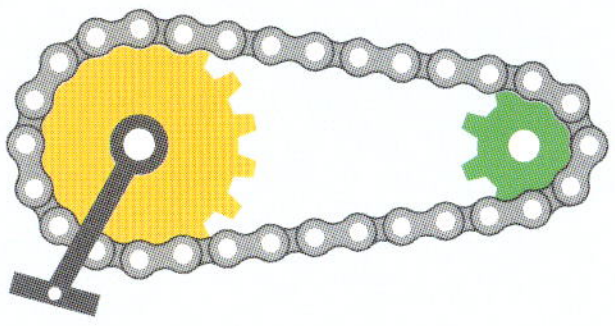

歯車とチェーン

AとBの回転軸が離れている場合は、間をチェーンでつないで動きを伝えることができます。その代表的な例が自転車です。歯車の組み合わせは回す力や速さとも大きく関係し、同じ力でペダルをこいでも、ギアの組み合わせによって進み方が違うことは、私たちが普段体験していることです。

歯車はこんなところでも使われています

自転車のベル

親指でレバーを引くとチリンチリンと鳴る自転車のベル。単純な道具ですが、中には4つの歯車が隠されています。大小の歯車を組み合わせ、さらにバネの力でレバーを自動的に戻すことによって、レバーの1往復は、両端に金属のついたバー数回転分に拡大され、勢いよくベルを鳴らします。

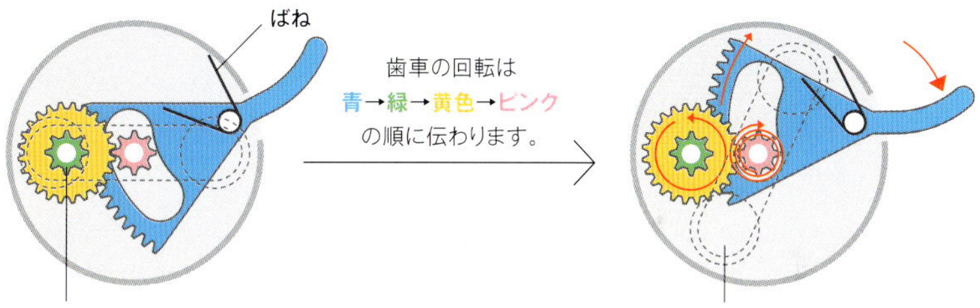

緑色の歯車は実際には黄色い歯車の裏側にあり、青い歯車とかみ合っています。

ピンクの歯車と同じ軸に取りつけられたバーの両端には金属のおもりがついており、ベルの上ぶたについたでっぱりにぶつかって音を鳴らします。

意地っ張りは発明の母？ ジェームズ・ワットの遊星歯車。

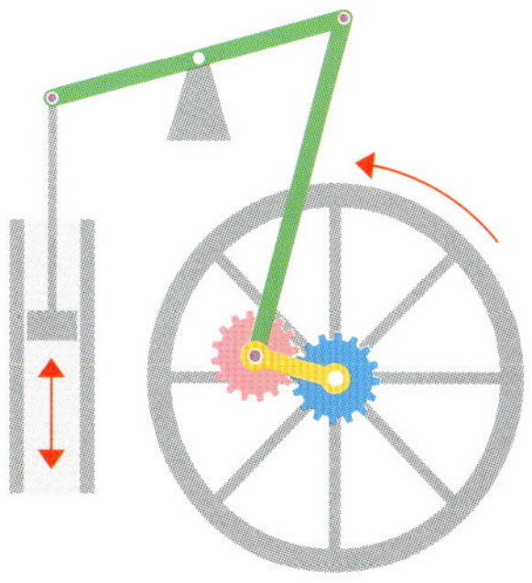

ピストンの往復運動を回転運動に変えるために、ワットが考えた遊星歯車装置。

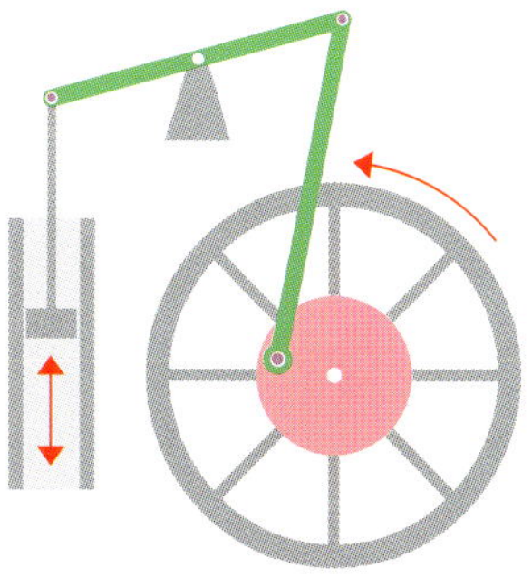

クランクを使うことができれば、もっとシンプルな構造にすることができました。

実用的な蒸気機関を初めて考案し、産業革命に多大な貢献をしたジェームズ・ワット（1736―1819）は、遊星歯車を開発したことでも知られています。この遊星歯車は、蒸気機関のシリンダーの上下運動を、工場の動力として使いやすい回転運動に変える機構のために考えられましたが、その背景には意外ないきさつが隠れていました。

ワットは当初、当時から一般に知られていたクランクを応用した機構を考えていました。ところがワットの指示で試作模型を作っていた職人が、勤め帰りに立ち寄ったパブで酔いにまかせて開発中の機械の自慢話をしてしまい、その場にいあわせた他の工場主に先に特許を取られてしまったのです。特許の使用料を支払ってクランクを使うことを嫌ったワットは、独自に遊星歯車を開発し、この問題を解決しました。

その後クランクを使った機構の特許期間が終了し、現在の内燃機関の回転機構にはほとんどの場合クランクが使用されていますが、遊星歯車はさまざまなバリエーションが生み出され、今でもいろいろな機械で用いられています。

リンク装置
linkage

**これまで見てきたようなメカニズムに数本の棒（リンク）を組み合わせることにより、単純な往復運動や回転運動ではない、さまざまな動きを生み出すことができます。
こういったしくみを「リンク装置」と呼び、現実の機械の多くはリンクを通して働いています。**

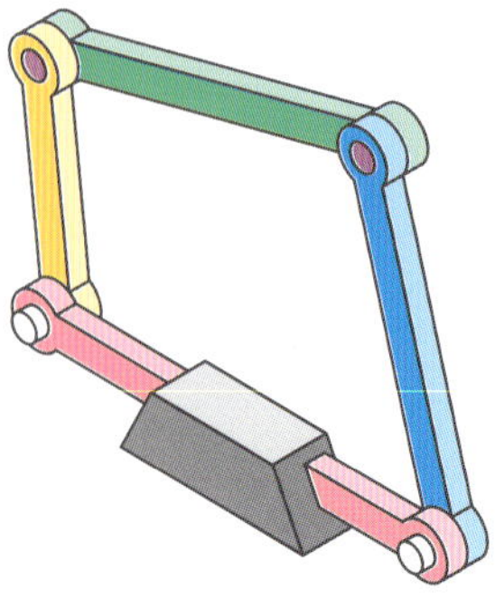

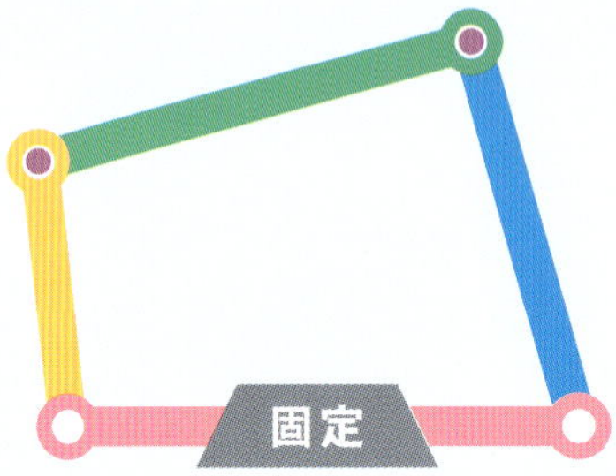

リンクの基本「四節機構」

左の図は代表的なリンク装置を示したものです。4本の腕のつなぎ目は自由に回転し、ピンクの腕は固定されていて動かすことができません。この時、例えば黄色の腕を回転させると、緑と青の腕は必ず決まった動きをします。この動きを、道具や機械に応用するわけです。4本の腕を持つことから「四節機構」と呼ばれています。

四節機構は、腕の長さやつなぎ目の動きを変えることによって、機械の目的に応じたさまざまな動きを作り出すことができるしくみです。右ページの図は、左と同じ4本の腕の組み合わせですが、固定する腕を変えることによって、それぞれ違った動きを生み出しています。

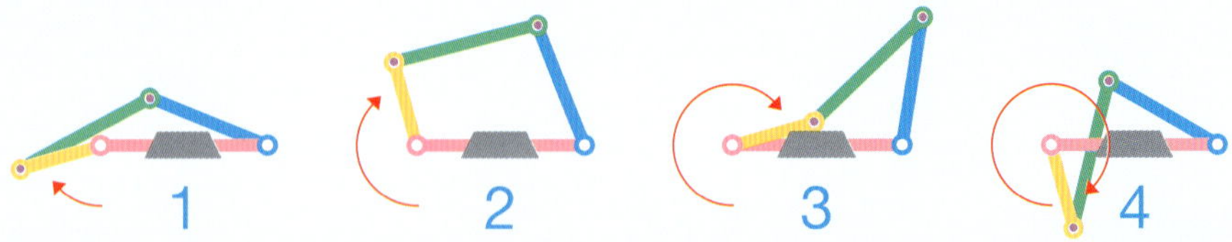

リンク装置はこんなところで使われています

パワーショベル

AとBのつなぎ目を押すことによって、Cが揺れ動きます。CはAより短いため、Aの動いた角度よりも大きく動き、バケットが土砂をすくい上げます。とても大きな力が必要であるため、シリンダーの中に油を注いでロッドを動かす、「油圧」というしくみが使われています。

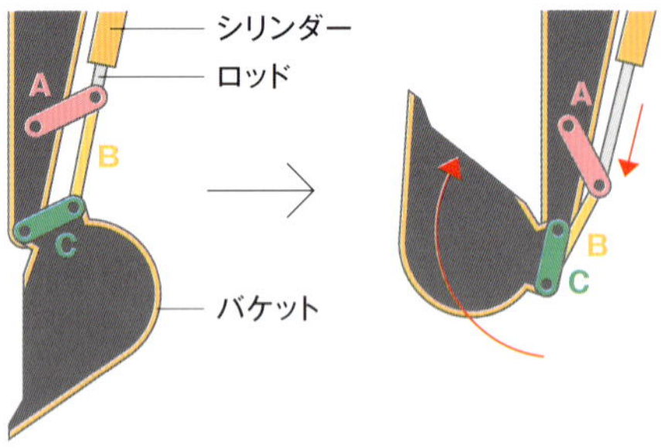

自動車のステアリング装置

ハンドルの回転がピニオンとラック（P22参照）を通してA（タイロッド）を左右に動かし、その動きがタイヤにつながったC（ナックルアーム）を旋回させます。AをDより短くすることで、左右のタイヤに角度の違いを生み出し、コーナーをスムーズに曲がれるように工夫されています。

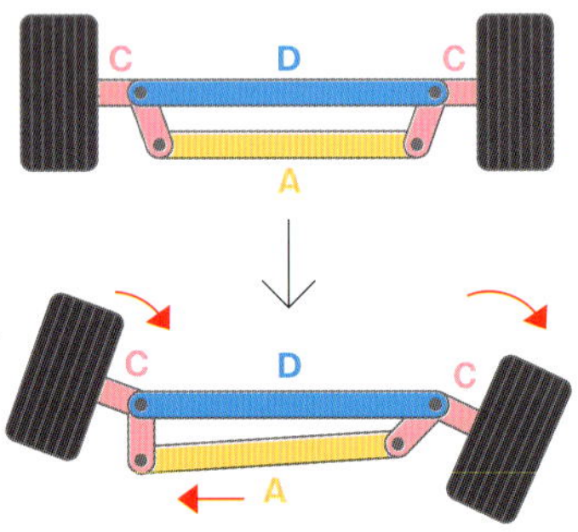

傘

身近なところでは、傘の開け閉めにもリンク装置が使われています。図は、一番簡単な傘のしくみですが、ジャンプ傘や折り畳み傘では、もう一組別のリンク装置が組み合わされています。家にある傘で確認してみましょう。

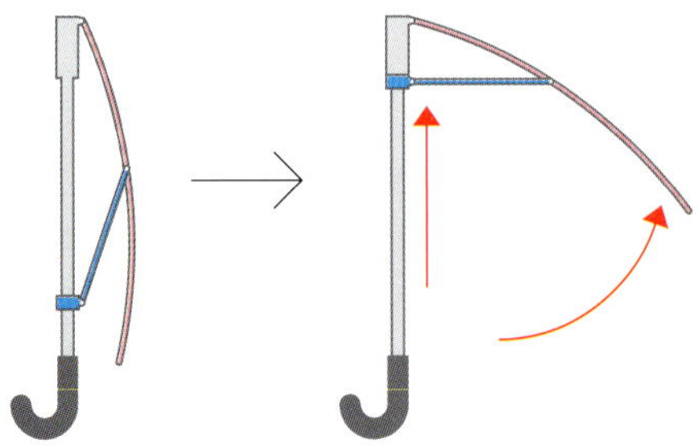

作って動かしてみよう

クランクB
リンク装置によってロッドが揺れ動きます。
説明図 37ページ
展開図 69/71ページ

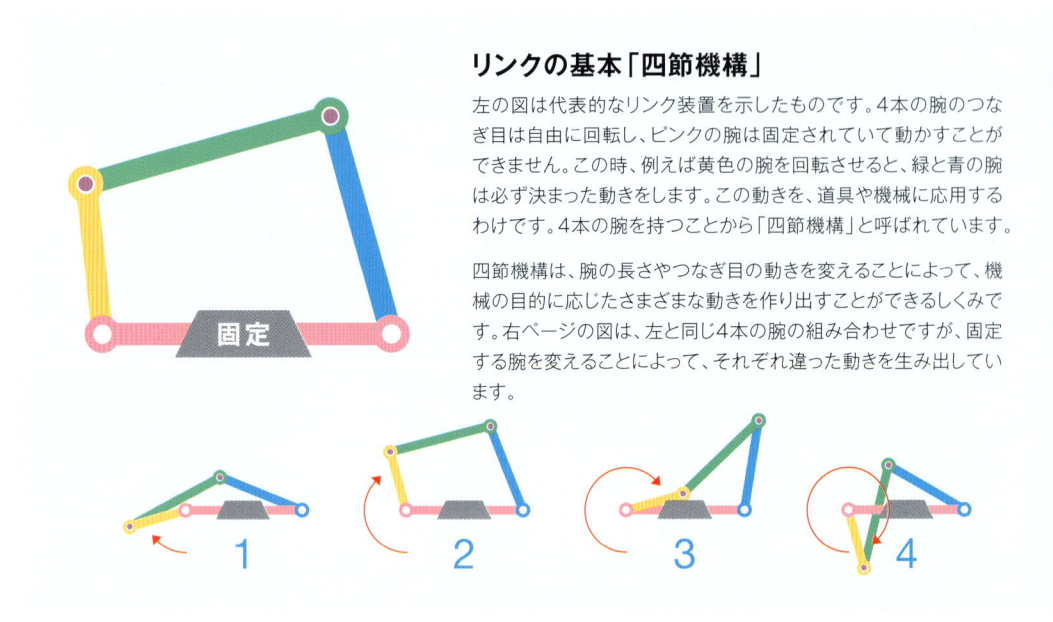

緑の腕を固定

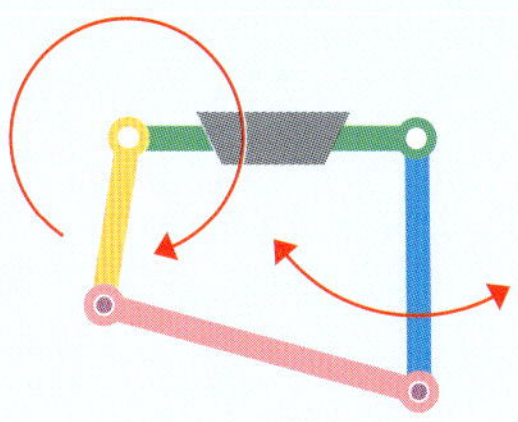

緑の腕を固定した時の動きは、ピンクの腕を固定した時の動きと同じです。黄色の腕は回転し、それにともなって青い腕が左右に揺れ動きます。

黄色の腕を固定

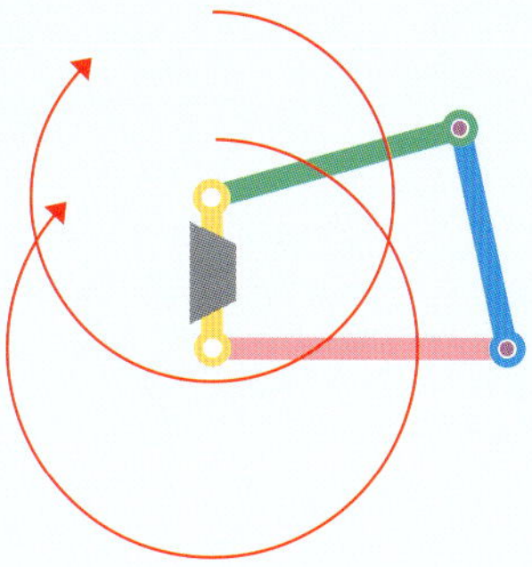

一番短い黄色の腕を固定した場合、ピンクの腕と緑の腕は両方とも回転することができます。

青の腕を固定

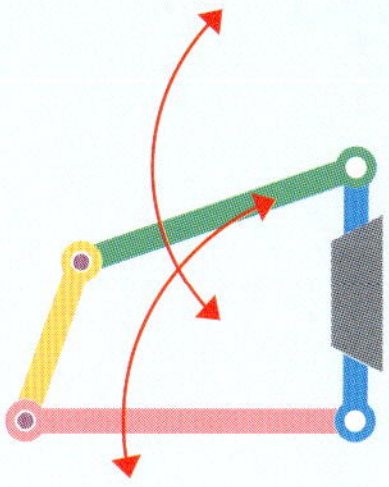

青い腕を固定した場合、ピンクの腕と緑の腕はともに回転できずに揺れ動きます。てこの原理を利用して、同じ向きの力を大きくするためによく使われます。

腕の数を変えてみると…

腕の数を3本にすると、どの腕もまったく動かすことができません。この性質を利用して、建築物の骨格に使われることがあります。

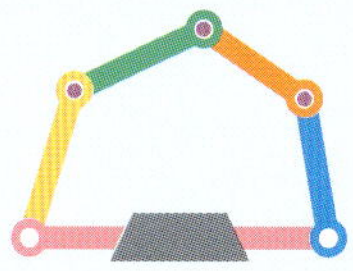

腕の数を5本以上にすると、腕の動きは予想のつかないものになり、そのままでは機械に使うことはできません。

いつもお世話になっています。水洗トイレのからくり。

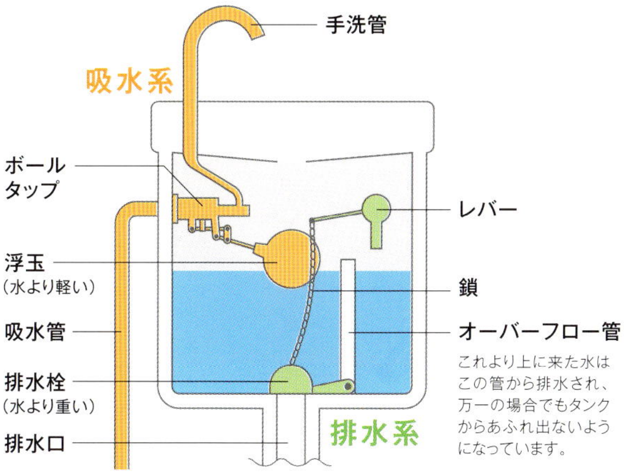

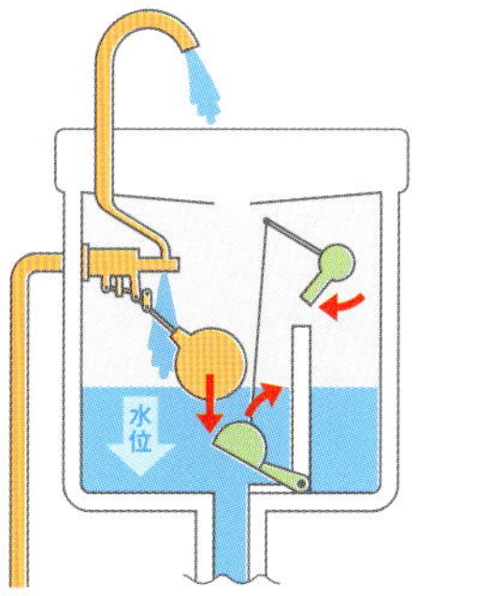

レバーを回すと、排水栓が上がり、水が便器へ勢いよく流れます。同時に、水に浮かんだ浮玉が下がり、ボールタップを通してタンクの中に新しい水が注ぎ込まれますが、流れ出る水の方が多いため、タンクの水位は下がります。

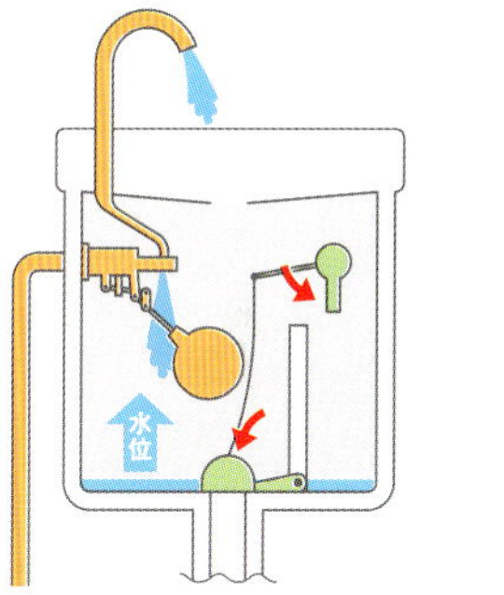

タンクの水が空に近くなると、排水栓は自分の重さで下がり排水口にふたをします。その後、徐々に水位が元に戻るにつれて浮球が浮かび、ボールタップに栓をして水の流れが止まります。

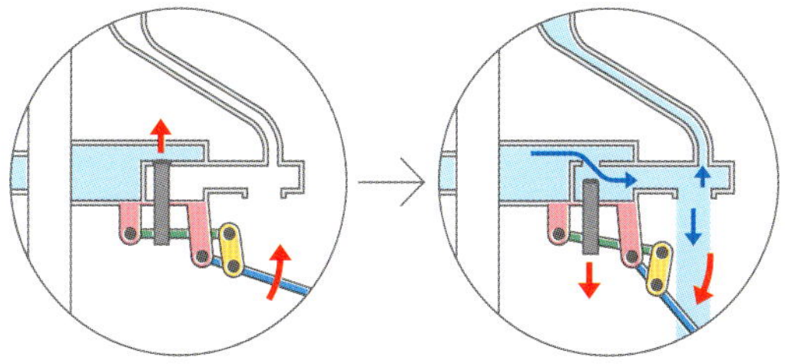

ボールタップの拡大図

浮球につながったロッドが上下することによって、ボールタップの中の弁が閉まったり開いたりします。それぞれの部品に色をつけてみると、これが四節機構の応用であることが分かります。

水洗トイレの歴史は案外古く、今から4000年以上前のクレタ島の遺跡などからも、便座や下水道を備えた水洗式のトイレが見つかっています。鎖やレバーを操作することによって水槽から水を流す、現在もっともよく見かけるフラッシュタイプの水洗トイレは、19世紀の後半にイギリスで開発されました。まだ電気も普及していない当時に考えられたしくみですが、さまざまな改良を加えられながらも、原理的には変わらず現在も使われています。

レバーを回す指の力は、さまざまなリンク装置と、水の浮力や重力を利用して、便器を洗い流す水の流れと次の使用のためにタンクに水を貯める流れに分けられます（ついでに手も洗えるところが気がきいていますね）。シンプルな構造だけに、しくみさえ理解してしまえば修理も簡単ですが、その際は吸水管の栓を閉めることをお忘れなく。

ゼネバストップ
geneva stop

連続した回転運動を途切れ途切れの動きに変えるメカニズムを、そのしくみが最初に使われた時計の製造地であるスイスのジュネーブ（Geneva）にちなんで、「ゼネバストップ」と呼びます。もともとは時計のばねの巻き取り装置用に考えられたものですが、似たしくみは映写機のフィルムのコマ送りなどにも使われています。

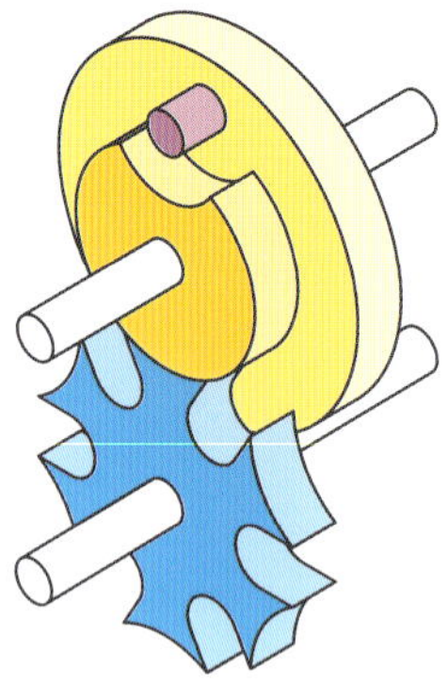

欠け円板とピンのついた円板が回り始めます。青い歯車のひれの形は、欠け円板の円周とぴったりそろっています。

黄色い円板がしばらく回っても、青い歯車は静止したままです。

間欠運動を生み出すいろいろなメカニズム

動く･止まるという動きを繰り返す運動のことを、間欠運動と呼びます。機械の動力源としてもっとも一般的な、モーターの連続した回転運動から間欠運動を作り出すために、上のゼネバストップをはじめ、これまでに見てきた歯車やカムを使ったさまざまなしくみが考えられています。

歯車を使った間欠運動

黄色い歯車は一定の速さで回り続けますが、歯がかみ合っていない間、青い歯車は静止しています。黄色い歯車の1回転で、左は青い歯車が10分の1回転、右は4分の1回転します。歯の数や並び方を変えることで、他にもさまざまな間欠運動を作り出すことができます。

カムを使った間欠運動

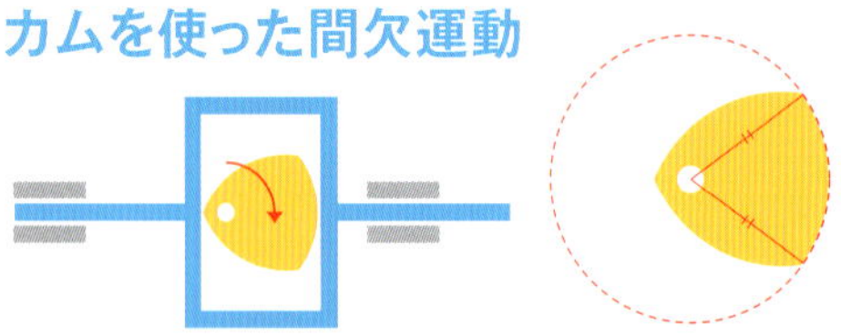

枠の中で回転するカムが、ロッドを左右に動かします。このカムの一辺は、回転軸を中心とした円の円周と重なるため、この辺が枠に触れている間は、枠は止まったままです。

エスケープメント

黄色い歯車は矢印の向きに回り続けようとし、左右にツメを持つ青い腕は左右に振れ続けます。左側のツメがはずれている間に歯車は回転し、歯1枚分だけ回転したところで下りてきた右側のツメにぶつかって止まります。歯車の動力にゼンマイを、青い腕の動力に振り子を利用したものが振り子時計で、機械式時計の中では今でもこれに似たしくみが使われています。

作って動かしてみよう

ゼネバストップ
歯車が断続的に回転します。
説明図 41ページ
展開図 85/87ページ

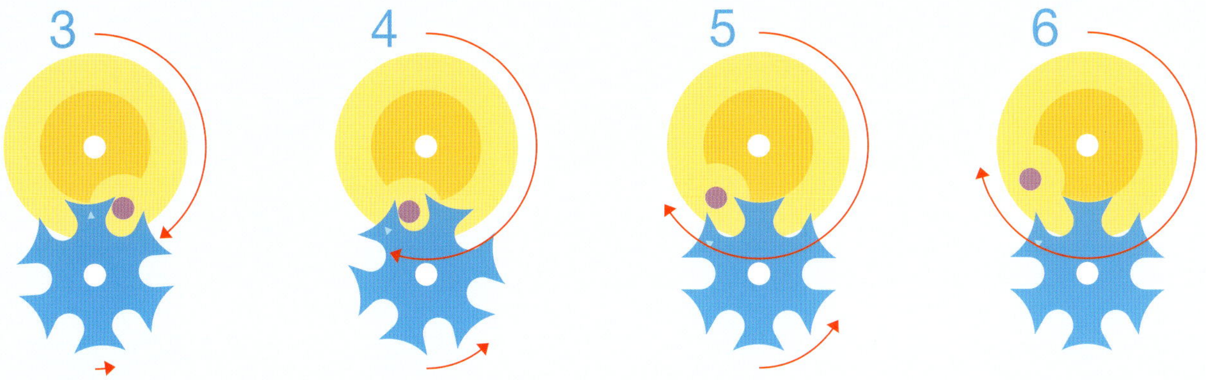

ピンがひれのすきまに
引っかかり、青い歯車
が動き始めます。

ピンに押された歯車のひれは、欠け円板
の欠けている部分を通って回転します。

ひれ1個分、6分の1周回
転したところで、青い歯車
は再び静止します。

ゼネバストップ

間欠運動はこんなところで使われています

映写機

映画の原理はパラパラマンガと同じ。少しずつ違う絵や写真を次々とスクリーンに映し出すことによって、人間の目にはあたかも連続して動いているかのように見えます。フィルムは一見同じ速さで映写機の中を流れているように見えますが、実は1コマずつ、いったん止めては後ろから光を当て、光をさえぎっては次のコマへ送るという作業を繰り返しているのです。
このフィルムの動きを作り出すのが、ピンのついた円板と十字の形をした歯車（十字車）との組み合わせ、マルチーズクロスです。モーターにつながった黄色い円板は常に一定の速さで動いていますが、ピンが溝に入りこんだ時だけ十字車を回し、同じ軸に取りつけられたスプロケットという歯車がフィルムを1コマ送ります。ピンが溝から抜けると十字車は止まり、フィルムの動きと連動したシャッターの働きによって、その間のみスクリーンに絵が映し出されるしくみです。
通常の映画やアニメーションの場合、1秒間に24コマの絵を映し出します。したがって、1コマ分のフィルムが止まっている時間は24分の1秒以下（図の十字車を使った場合、モーターの4分の1回転はコマ送りに使われ4分の3回転分は静止しているから、正確には32分の1秒）。この速さだと、人間の目には間欠運動には映らず、フィルムも映像も連続して動いているようにしか見えません。

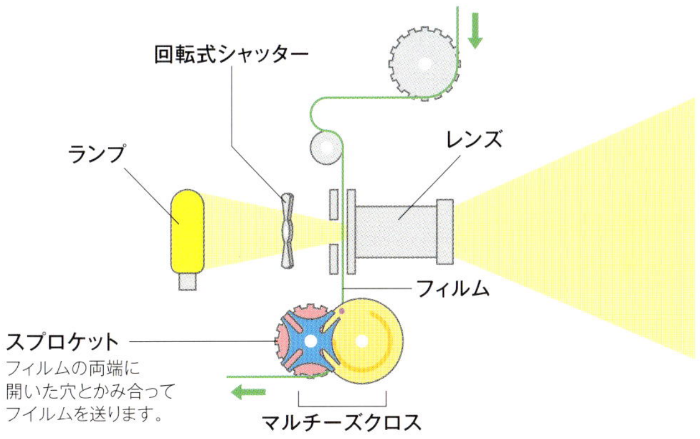

マルチーズクロスの拡大図

円板の動きが十字車に伝わるのは4分の1回転分だけ。
残りの4分の3回転は、円板は空回りしています。

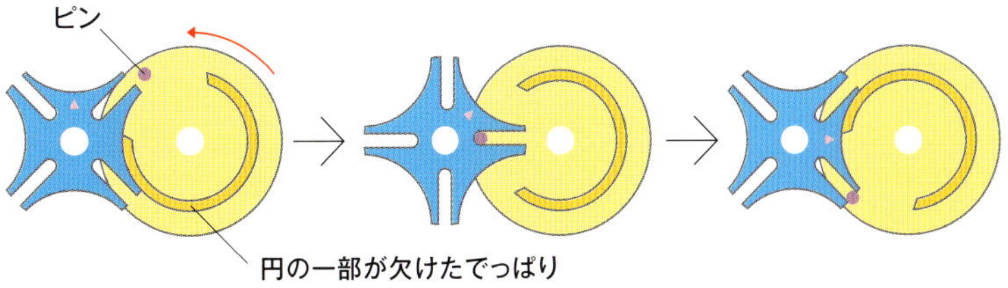

回転式シャッターのしくみ

ランプとフィルムの間では、ヘリコプターの羽根のような形をしたシャッターが回転しており、コマ送りの間は光をさえぎっています。

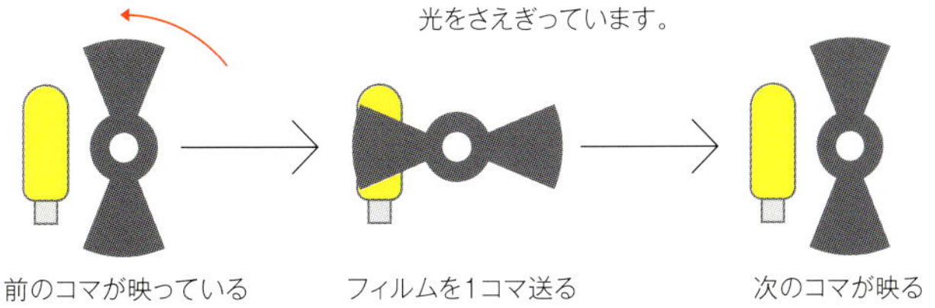

新しい〈もの創り〉の世界へ

新井俊雄
コンセプトプラス株式会社 代表取締役

普段何気なく私たちが使っているものでも、その内部の構造がどのようになっているのか、はっきりと知らない現実が、案外多いのではないでしょうか？ そこで、私たちが普段使用し親しんでいる文房具、道具類や機械などをよく観察し、「そのしくみはどうなっているのだろう？」「いつの時代に発明されたのだろう？」などと考えてみると、今まで気がつかなかった大変おもしろい世界が見えて、どんどん興味が広がってきます。

機械の基本的な要素

文房具、道具類や機械の内部をよく観察してみると、一見複雑そうですが、一つ一つの機構は非常に単純な〈機械の基本的な要素〉である〈てこ、クランク、カム、ギア、リンク〉などであることが分かります。

てこは1本の棒にすぎませんが、使い方によっては力の大きさを変化させたり、また力の方向を変えたり、きわめて便利な〈魔法の棒〉と言えますが、中でもピラミッドの石を動かすために使われた話は有名で、紀元前に考案され使用され続けているのです。

エレクトロニクスとの協力

私たちの先輩達は、生活をより便利に、そして、より豊かにしようと思い、過去何年にも渡って、簡単な道具にアイデアにアイデアを重ね、新しい機械を発明してきました。特に20世紀に入ってからの、機械技術とエレクトロニクス技術の発達は目覚しく、人が月にまで行くことができるようになり、また、ロボットも、夢の世界から現実的なものになりつつあります。

これは、従来の機械技術にエレクトロニクス（半導体技術やコンピュータ技術など）が加わり、互いに助け合って高度に発達した機械を作り出しているからです。これからも、機械とエレクトロニクスは協力し合い、より高性能なものに成長していくでしょう。

未来でも重要な役割

しかし、エレクトロニクスがいかに発達しても、これらの〈機械の基本的な要素〉がずっと重要な役割を担っていくことは間違いありません。

なぜなら動力は、人力である場合もあり、エンジンやモーターである場合もありますが、その動力をもとにして、ある一定の運動をするのが機械で、その運動をするためには動力を伝える機構が無くてはならないからです。

新しい創造

技術を高めていこうとすれば、より基本が大事だということを痛感させられるように、新しい機械を設計しようとする時、これらの〈機械の基本的な要素〉を知識として身に着けておくと、従来にない、さらに便利で使いやすい機械を作ることに役立ちます。

また、創造は、頭だけで考えるのではなく、紙に書いてみたり、切ったり貼ったり、実際に手を動かすことによって、自由な発想が生まれ、よりアイデアを発展させることができるはずです。

一つ一つの〈機械の基本的な要素〉としての〈てこ、クランク、カム、ギア、リンク〉などをパズルのように組み合わせ試行錯誤を繰り返しながら、むかしの発明者たちのロマンにふれ、また、未来への新しい〈もの創り〉の世界を考える夢にひたるのはいかがでしょうか？

3

からくりの素・説明図

! カムA･B･C･D、ギアA･B、ゼネバストップの7点の「からくりの素」は、それぞれにハンドルのついた通常モデルの他に、複数のモデルを横に並べて接続し、1つのハンドルで回すことのできる、連結モデルとして組み立てることができます。連結モデルを作る場合は、組み立てに入る前に89ページの解説をご覧ください。

ペーパークラフトの基礎知識

特別な道具や技術がなくても、何とか形になってしまうのがペーパークラフトの魅力ですが、ちょっとした道具を揃えて使い方のコツを覚えると、作業がグンと楽になって仕上がりもきれいになります。作り始める前にこのページに目を通し、手に入る道具は揃えておきましょう。上手に組み立てる一番のコツは、何といっても、決して急がないことです。多少の失敗は気にせずに、でもケガには充分に注意して、自分のペースで取り組んでください。

使う道具

カッターナイフ
直線をきれいに切り抜くには、カッターナイフが適しています。小型で握りやすいものを選び、手になじむまで使い慣れてください。

カッターナイフの替え刃
カッターナイフの刃は惜しまずにどんどん交換しましょう。持ち手についている溝に刃を差し込んで、刃を1ブロックずつ折ることができます（“第1種のてこ”の原理です）。切れ味の鈍くなったカッターナイフは、切り口が汚くなるだけでなく、無駄な力がかかってとても危険です。使用済みの刃は、ビンや専用の容器に入れて安全に処理してください。また、刃先30度の替え刃を使うと切れ味がシャープで切り口もきれいになります。

カッティングマット
カッターナイフを使う際に台紙として使います。机を傷つけず、紙の切り口もきれいになります。A3サイズ程度のものが1枚あると便利です。

ハサミ
カッターナイフで切り始める前に、部品の周りをハサミでざっくりと切り取っておくと効率的に作業ができます。また、カッターナイフを使い慣れないうちは、曲線や細かい部分を切る場合はハサミの方が簡単です。

鉄筆など先のとがったもの
部品の折り線に筋を入れて折り目をつけるために使います。大型の文具店や手芸用品店で手に入れることができます。インクの切れたボールペンや千枚通し、芯を出していないシャープペンシルで代用することもできますが、あまりとがったものだと紙を破ってしまうので注意してください。ボール紙など、少し弾力のある紙を台紙として使うと、きれいに折り筋を入れることができます。

定規
カッターナイフで切ったり、鉄筆で折り筋をつける時に使います。20センチ程度のものが便利です。慣れないうちはカッターナイフの刃で定規を傷つけてしまうことがあるので、スチール製のものやエッジが金属で覆われているものを使った方が良いでしょう。自作のパーツを設計する場合は、方眼の入った三角定規があると便利です。

接着剤
水性の木工用接着剤や工作用接着剤（白くて乾くと透明になるもの）を使います。瞬間接着剤やスティックのりは、ペーパークラフトには不向きです。

サークルカッター
コンパスの形をしたカッターナイフで、円を正確に切り抜くために使います。1回転で切ってしまおうとせず、中心がずれないように力を加減しながらクルクル回すのが、きれいに切り抜くコツです。専用の替え刃も用意されています。

両面テープ
改造などで広い面積をのりづけする場合は、接着剤の水分で紙がゆがんでしまうことがあるため、両面テープを使用します。一度貼りつけると位置の調整ができないので注意してください。

ピンセット
細かい部品や指の届きにくい部分の組み立てに使います。先の曲がったものと平たいものが1本ずつあるととても便利です。

つまようじ
のりづけの際に“へら”として使います。接着剤が固まると使いにくくなるので、何本か用意しておきましょう。

作り方のコツ

切る

展開図のページをゆっくり引っぱって本の背からはずします（A）。部品の周りをハサミでざっくりと切りとった後、直線部分は定規をあてて（B）、曲線部分はフリーハンドで慎重に切り抜きます。円の部分はサークルカッターを使うと便利ですが（C）、手に入らない場合は、カッターナイフを紙にあて、紙の方を回すようにするときれいに切り抜くことができます。一度にたくさんの部品を切り抜く場合は、混同しないように部品の裏に番号をひかえておきましょう。

A

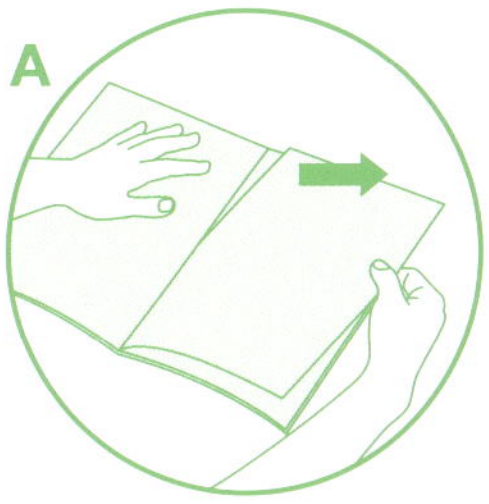

力を入れすぎて破らないよう注意してください。はずれにくい場合は、カッターナイフで切り取りましょう。

B

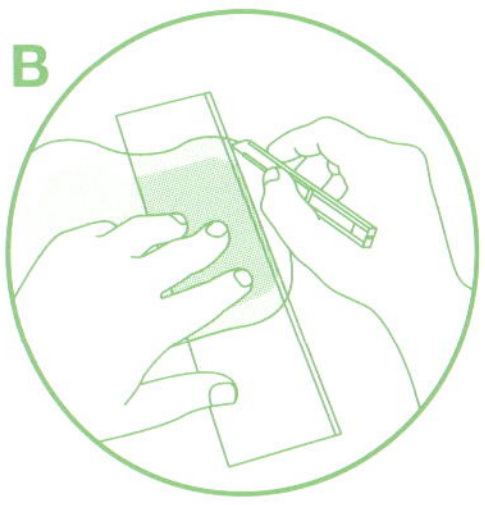

誤って切ってしまわないように、部品を覆うように定規をあてて切ります。

C

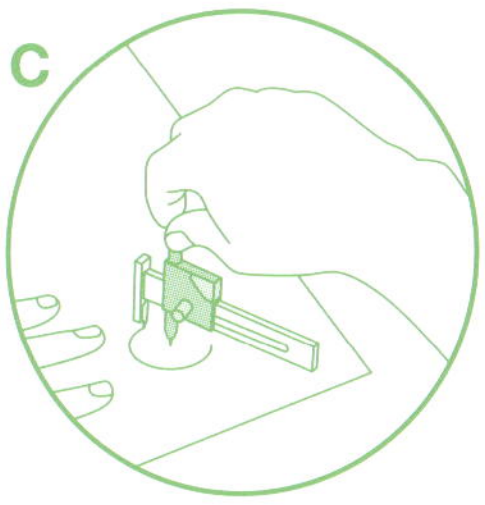

慣れるまでは難しいので、紙の余白で何度か試してコツをつかんでください。

折る

鉄筆と定規を使い、まっすぐに線を引く要領で折り筋をつけます（A）。適度な力できれいに折れ曲がるように、力の入れ加減やなぞる回数を調整してください。1つの部品の折り曲げ箇所は、組み立てに移る前にすべて折り筋をつけ、一度しっかり折り曲げておきましょう（B）。部品の形がゆがむとうまく動かない場合があります。少し面倒ですが、折り線の両端を鉄筆で突いて目印をつけた後、紙の裏側から折り筋を入れると、紙の表面を傷つけず、きれいに折り曲げることができます（C）。

A

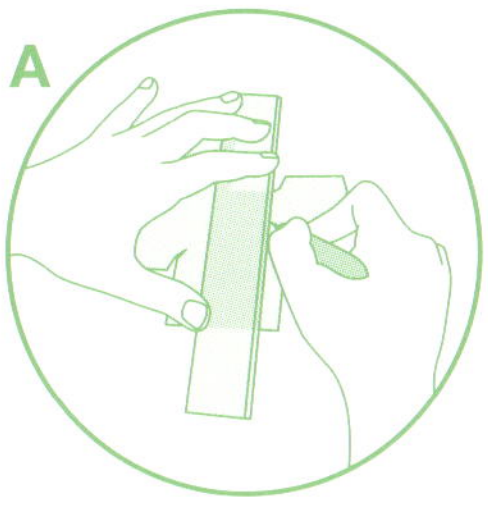

細かい部品は切る前に折り筋を入れた方が簡単です。

B

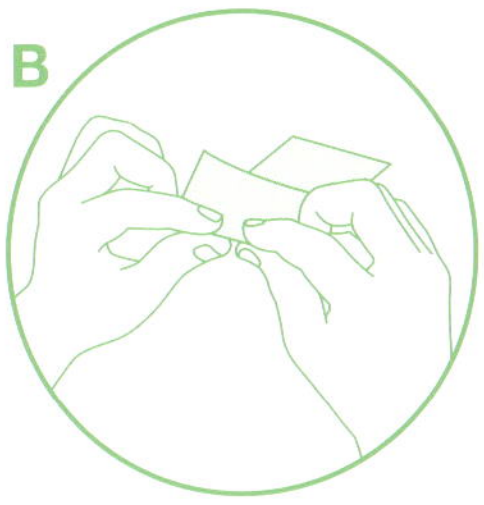

折り筋は、一度完全に折り曲げて、しっかりと折りクセをつけます。

C

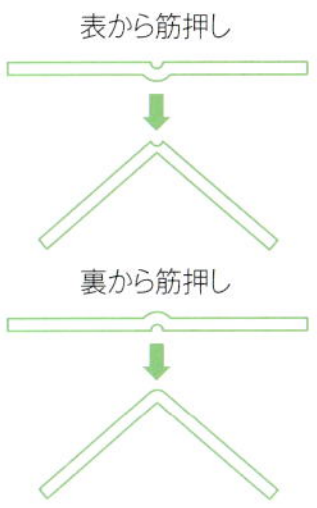

紙の裏側から筋押しをすると、紙の表面を傷つけることがありません。

組み立てる

部品によっては、のりづけの順番によって組み立てやすさが違ってきます。一度全体を仮組みし、作業の順番を想定してからのりづけに移ってください。紙を丸めて組み立てる部分は、のりづけの前に充分にクセをつけておくときれいに組み立てることができます（A）。接着剤は容器から直接のりしろにつけず、紙の切れはしなどに一度出してからつまようじを使って薄く均一に塗ります（B）。一つ一つののりしろをしっかり乾かしてから次に移ってください（C）。手はこまめに洗って常にきれいにしておきましょう。

A

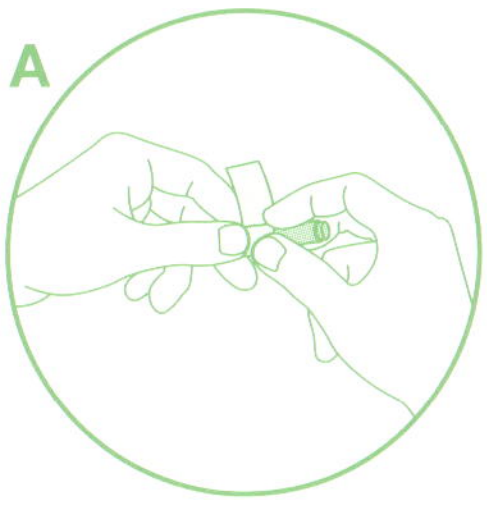

丸いペンなどに巻き付けてクセをつけます。

B

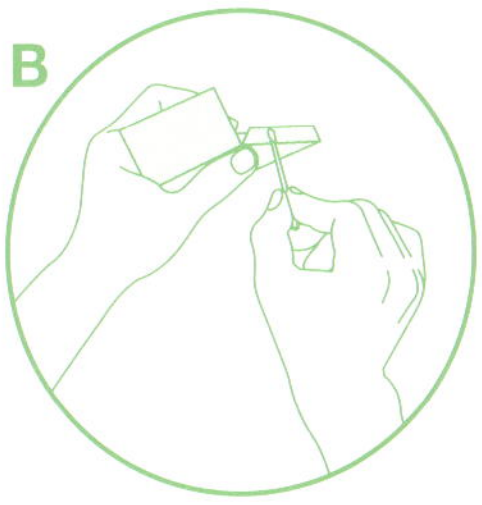

接着剤はつまようじで薄く伸ばします。たくさんののりしろに一度に塗ると、組み立てている間に乾いてしまうので注意しましょう。

C

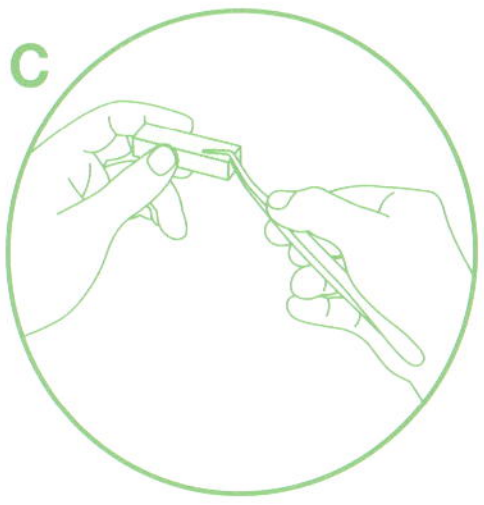

細かい部分はピンセットでしっかり押さえて固定します。
正方形の軸は、平たくつぶしてのりづけすると簡単です。

色を塗る

この本に収められているペーパークラフトは、マーカーや絵の具、色鉛筆など、身近な画材で色を塗ることができる紙を使っています。自由に彩色して、自分だけのオリジナル作品を作ってください。ただし、水彩系の画材で広い面積を塗ると、水分で紙がゆがんでしまい、うまく動かなくなることがあります。広い面積に色をつけたい場合は、色紙や別の紙に彩色したものを、両面テープやスプレーのりで貼りつけるときれいに仕上がります。

改造する

カムの形やロッドの長さを変えたり、自分で設計したモチーフを貼りつけて、オリジナルからくりペーパークラフトを作ってみましょう。薄い方眼用紙に展開図面を書き、厚紙にトレースするのが従来の方法ですが、最近ではパソコンで設計し、厚口用紙にプリントアウトして組み立てる方法も一般的になってきています。高価な専用ソフトではなくても、簡単な図形を描く機能はいろいろなソフトについていますので、パソコンをお持ちの方は是非試してみてください。

カムA

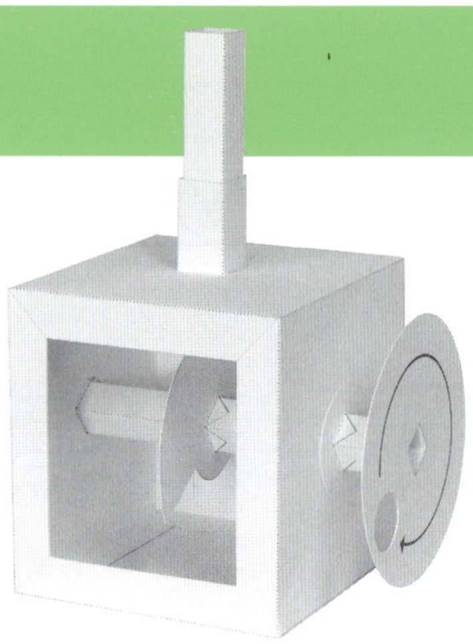

ロッドが上下の直線運動を繰り返します。

展開図 ▶ 49/51ページ　★連結モデルを作る場合は、89ページの別パーツを使います。

解　説 ▶ 18ページ

実線 切りとり線

点線 山折り線

破線 谷折り線

のりづけ位置（説明図中では、薄い緑で表示）

切り抜き箇所

円の中心（サークルカッターを使う場合）

A

台座を組み立てます。後ろ、前の順にのりづけし、底はまだ取りつけません。

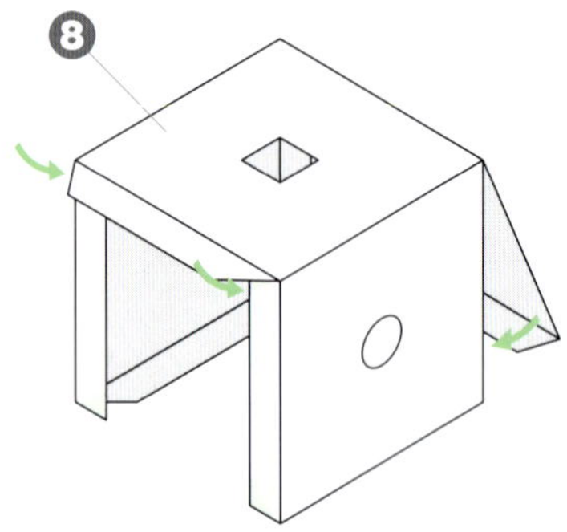

B

❶を台座の底から差し込み内側でのりづけします。

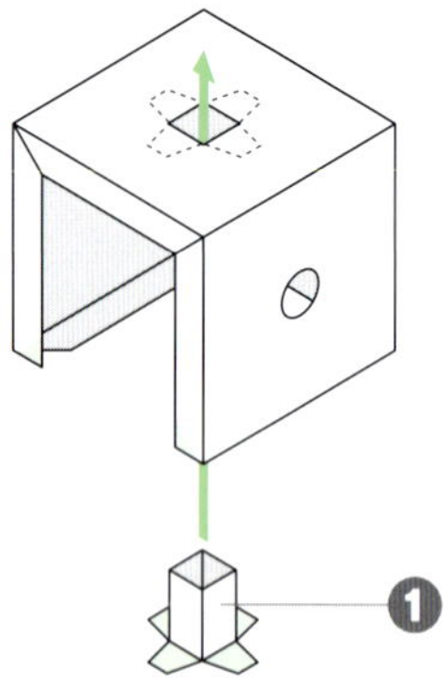

C

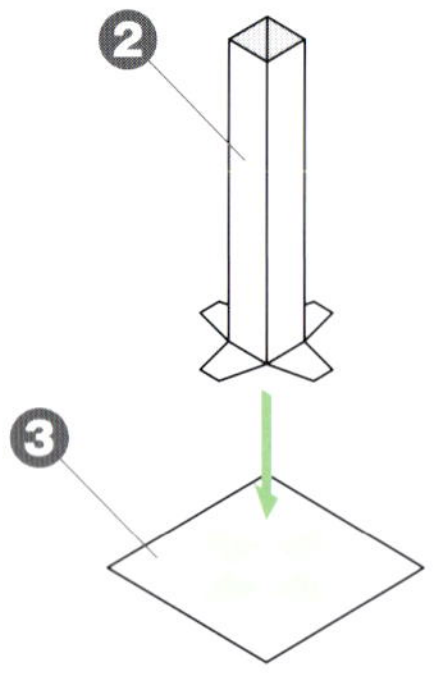

D

軸の両端からカムを差し込み、のりづけします。強度を増すために、紙の裏面どうしも貼り合わせます。取りつける向きに注意してください。

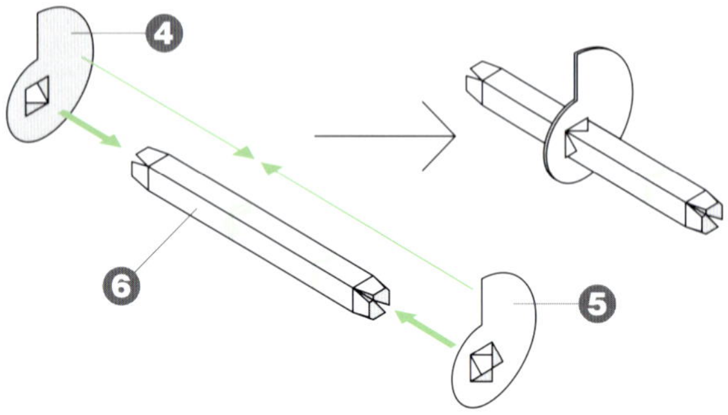

E

Cを台座の底から差し込んだ後、Dをはめこみ、左右の穴から軸の先を出します。ともに、のりづけはしません。

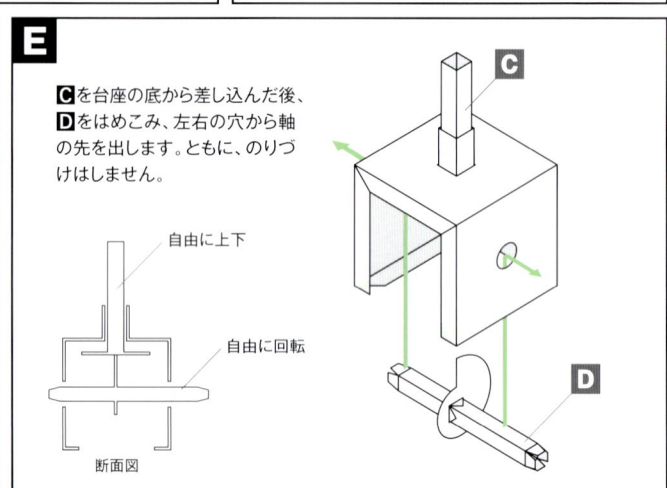

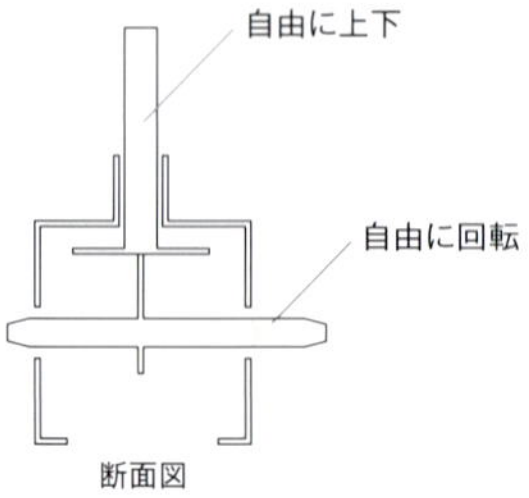

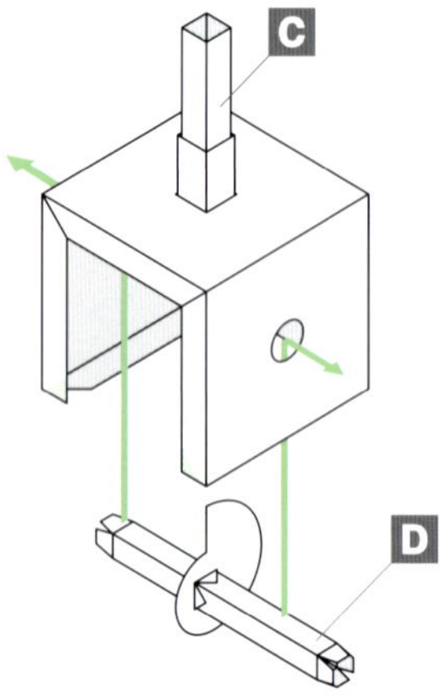

F

軸の左右を軸留めで固定します。台座にのりづけしないよう注意してください。

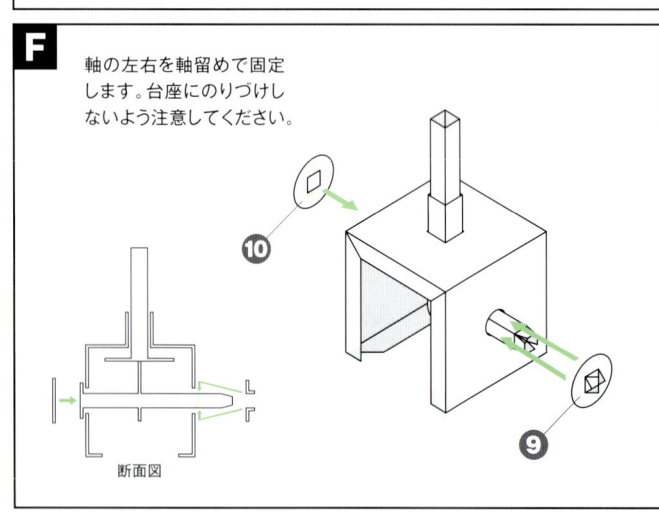

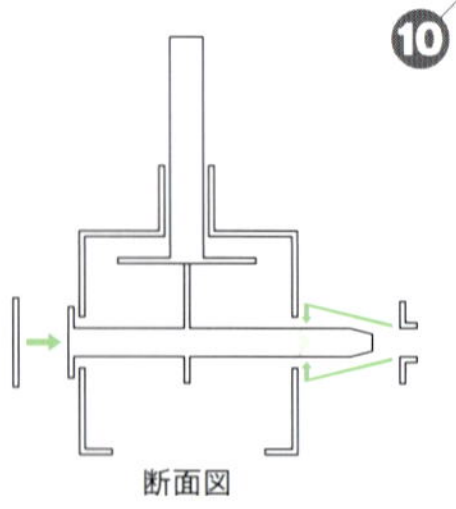

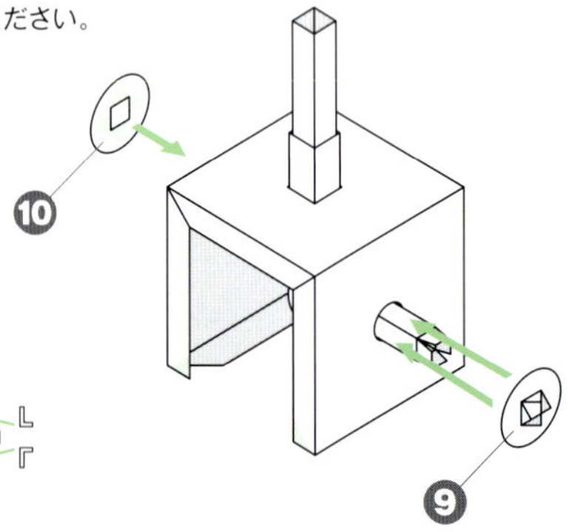

G

ハンドルと底を取りつけて完成です。

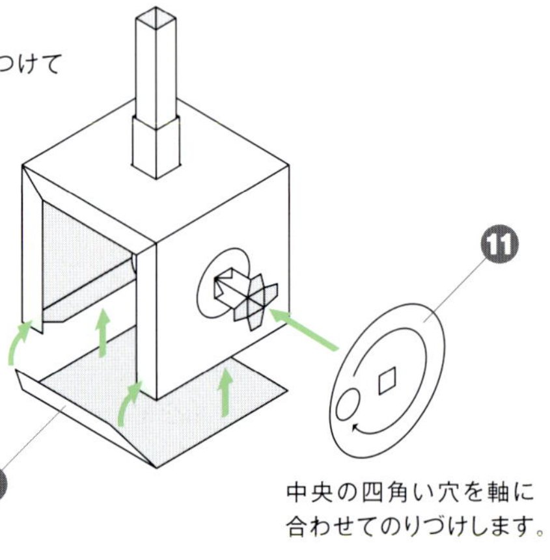

中央の四角い穴を軸に合わせてのりづけします。

カムB

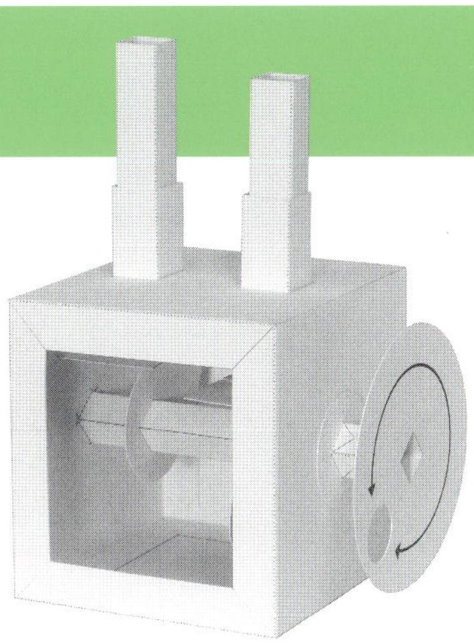

2本のロッドが交互に上下運動を繰り返します。

展開図 ▶ 53/55ページ ★連結モデルを作る場合は、91ページの別パーツを使います。

解　説 ▶ 18ページ

実線 切りとり線

点線 山折り線

破線 谷折り線

のりづけ位置
(説明図中では、薄い緑で表示)

切り抜き箇所

＋ 円の中心
(サークルカッターを使う場合)

A

台座を組み立てます。後ろ、前の順にのりづけし、底はまだ取りつけません。

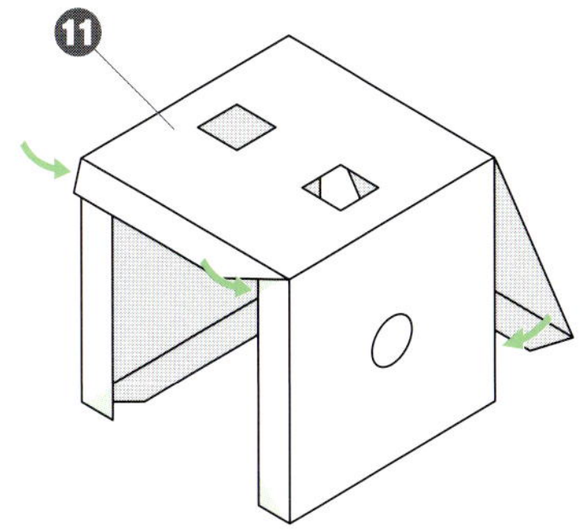

B

❽❾を台座の底から差し込み内側でのりづけします。

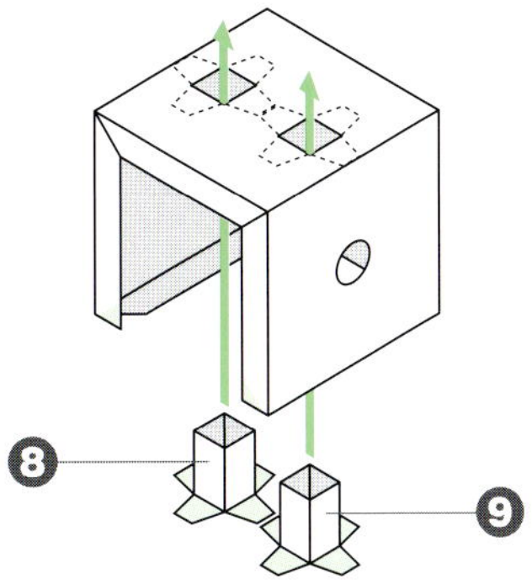

C

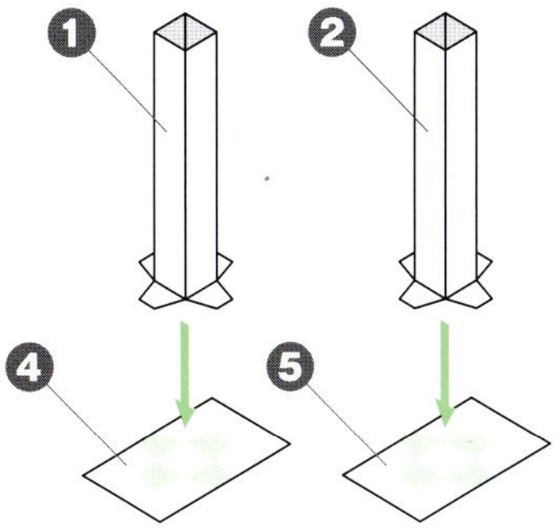

D

軸の両端から180度向きを変えてカムを差し込み、軸にのりづけします。

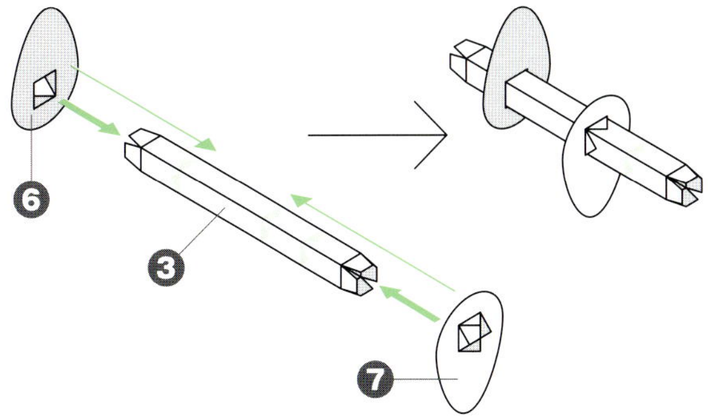

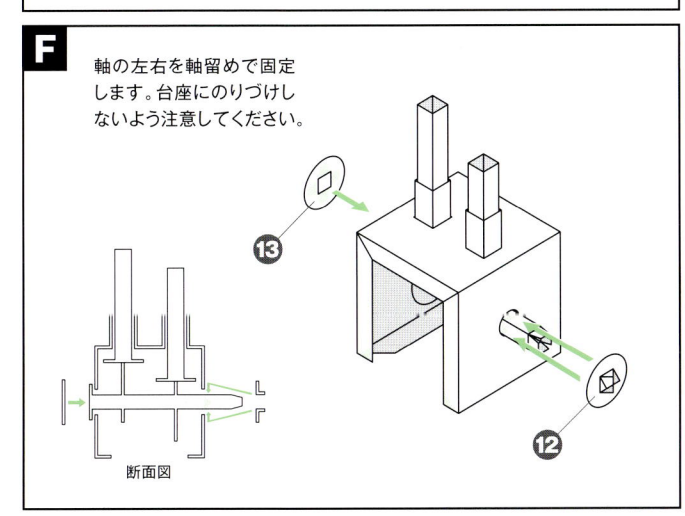

E

Cを台座の底から差し込んだ後、Dをはめこみ、左右の穴から軸の先を出します。ともに、のりづけはしません。

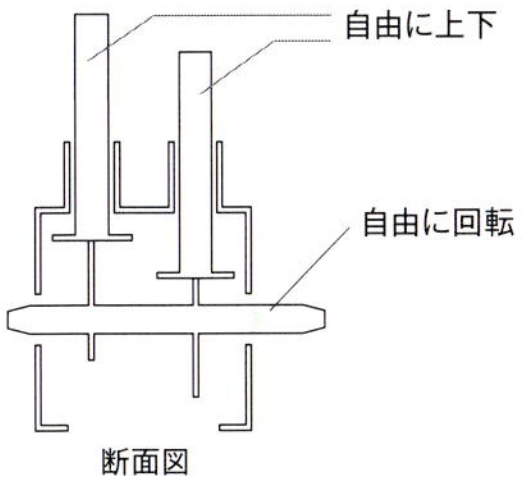

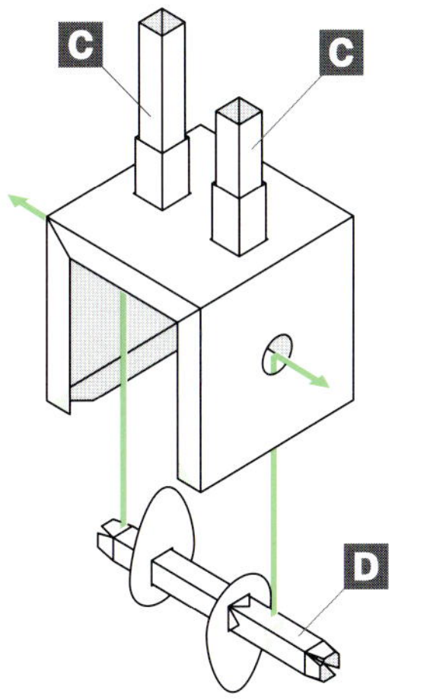

F

軸の左右を軸留めで固定します。台座にのりづけしないよう注意してください。

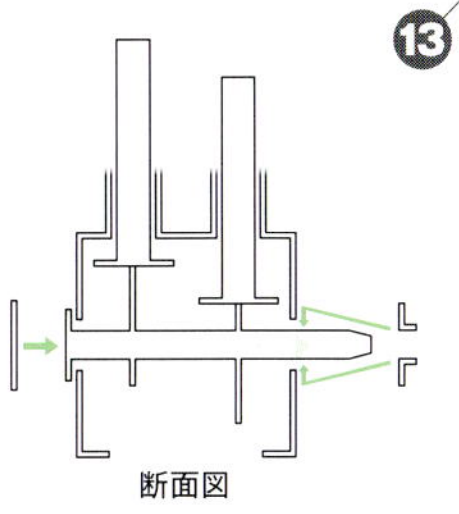

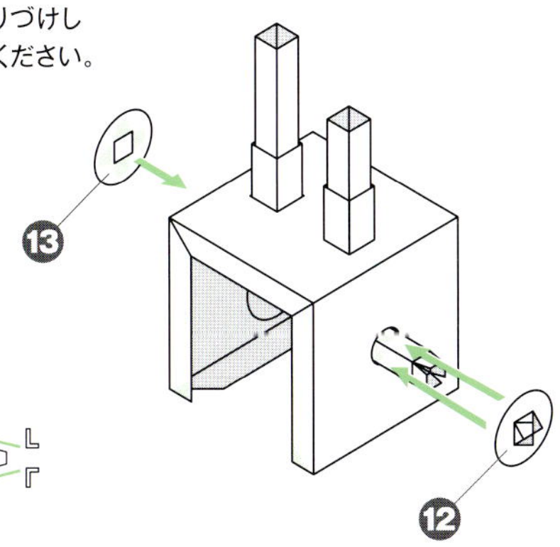

G

ハンドルと底を取りつけて完成です。

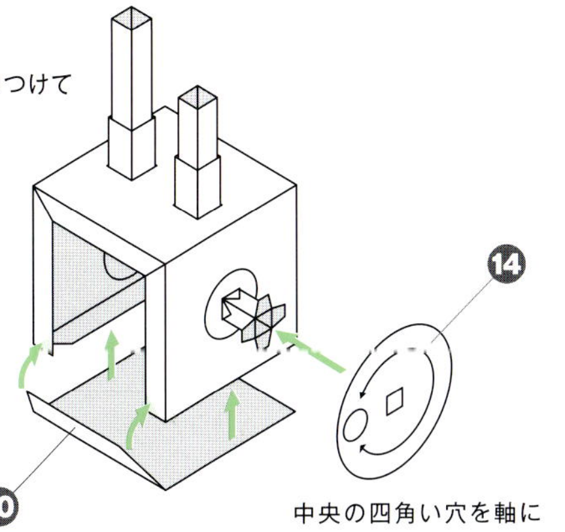

中央の四角い穴を軸に合わせてのりづけします。

カムC

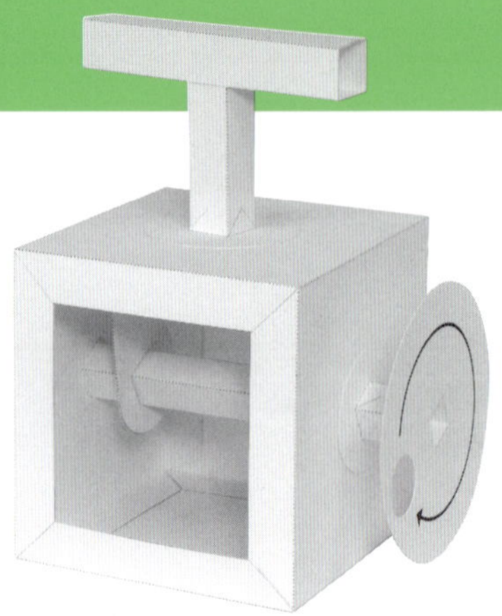

ロッドが左右の首振り運動を繰り返します。

展開図 ▶ 57/59ページ　★連結モデルを作る場合は、91ページの別パーツを使います。

解　説 ▶ 18ページ

実線　切りとり線			のりづけ位置（説明図中では、薄い緑で表示）
点線　山折り線			切り抜き箇所
破線　谷折り線		＋	円の中心（サークルカッターを使う場合）

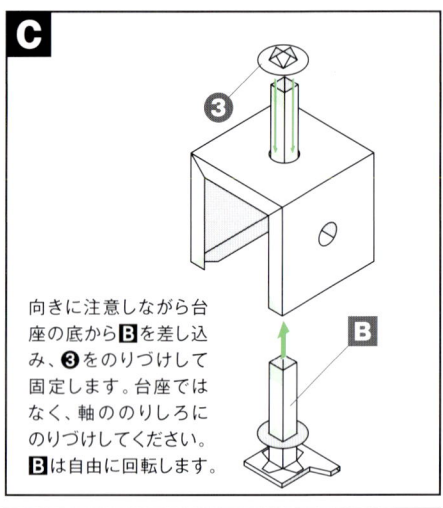

A

台座を組み立てます。後ろ、前の順にのりづけし、底はまだ取りつけません。

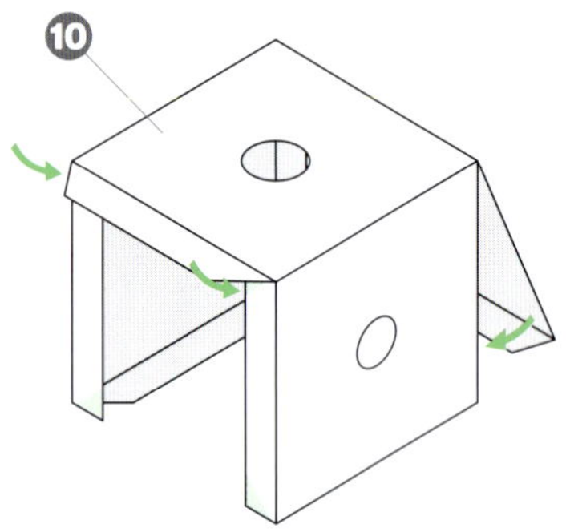

B

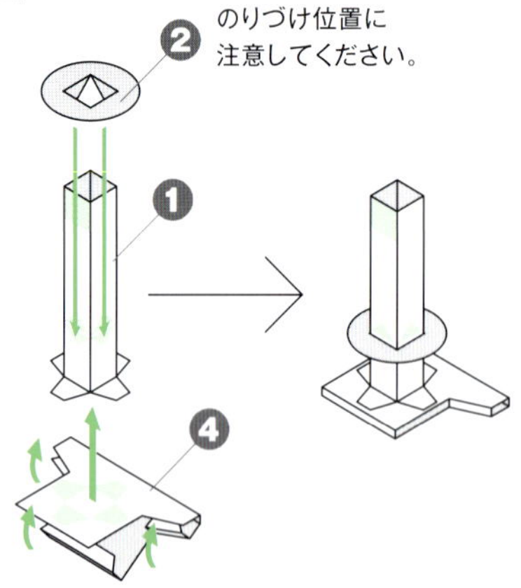

C

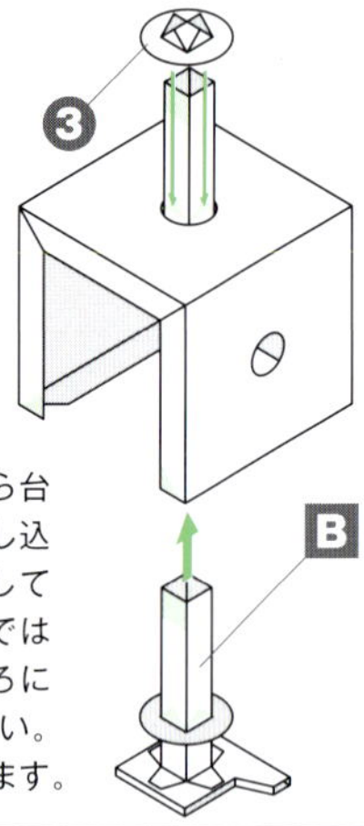

向きに注意しながら台座の底からBを差し込み、❸をのりづけして固定します。台座ではなく、軸ののりしろにのりづけしてください。Bは自由に回転します。

D

軸の両端からカムを差し込み、のりづけします。

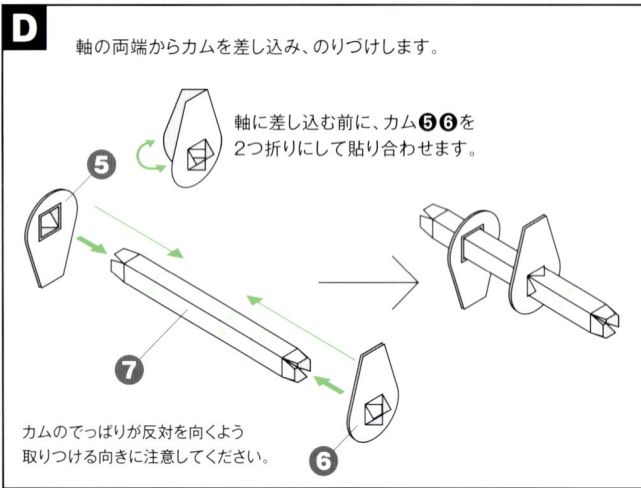

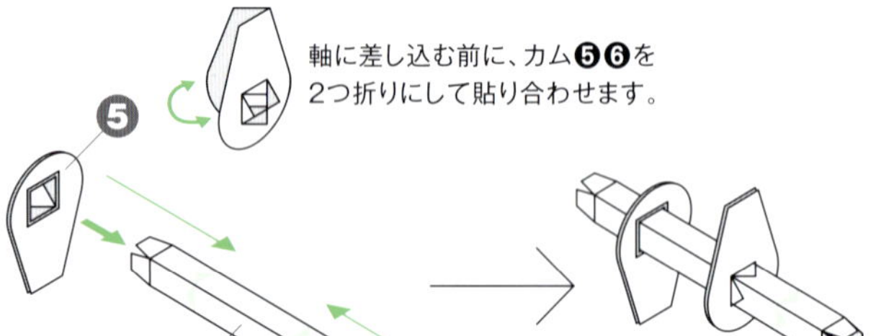

カムのでっぱりが反対を向くよう取りつける向きに注意してください。

E

Dをはめ込み、左右の穴から軸の先を出します。のりづけはしません。

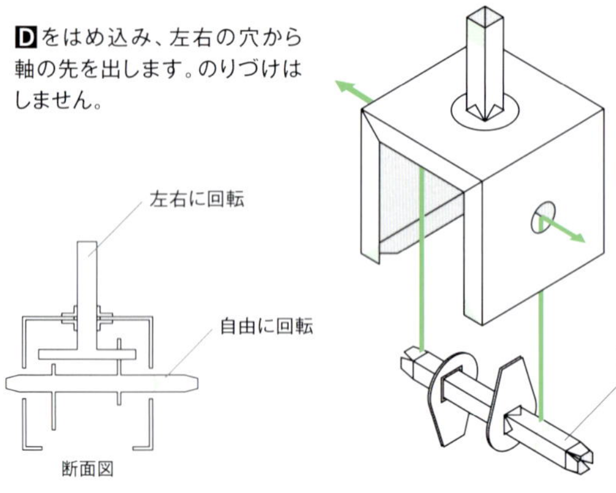

F

軸の左右を軸留めで固定します。台座にのりづけしないよう注意してください。

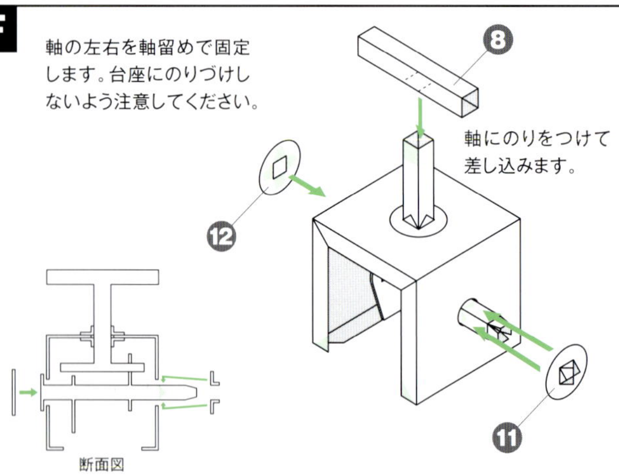

G

ハンドルと底を取りつけて完成です。

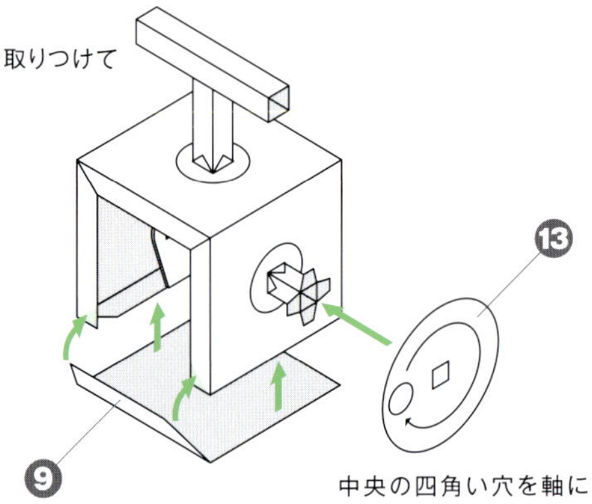

中央の四角い穴を軸に合わせてのりづけします。

カムD (枠つきロッド)

ロッドが前後の往復運動を繰り返します。

展開図 ▶ 61/63ページ ★連結モデルを作る場合は、91ページの別パーツを使います。

解　説 ▶ 18ページ/26ページ

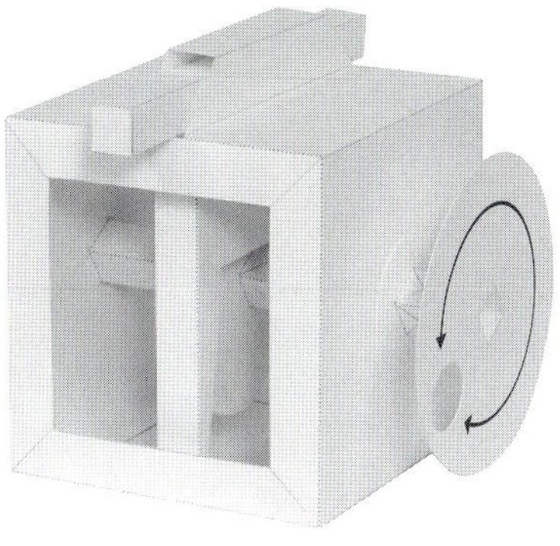

線	意味	表示	意味
実線	切りとり線	（網点）	のりづけ位置（説明図中では、薄い緑で表示）
点線	山折り線	（斜線）	切り抜き箇所
破線	谷折り線	＋	円の中心（サークルカッターを使う場合）

A

台座に折り目を入れてから、組み立てる前に❶を裏側から差し込んでのりづけします。

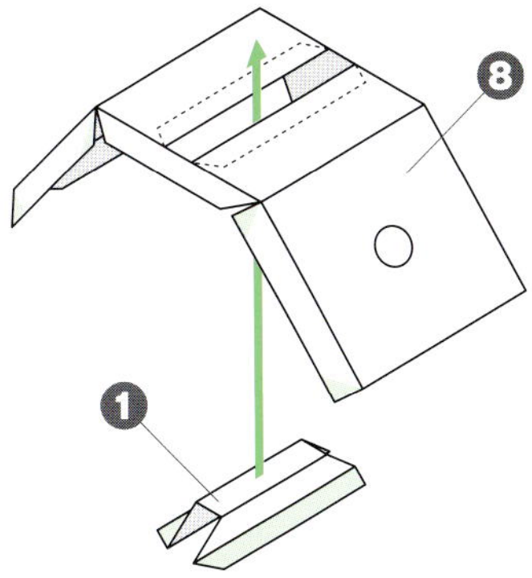

B

台座を組み立てます。後ろ、前の順にのりづけし、底はまだ取りつけません。

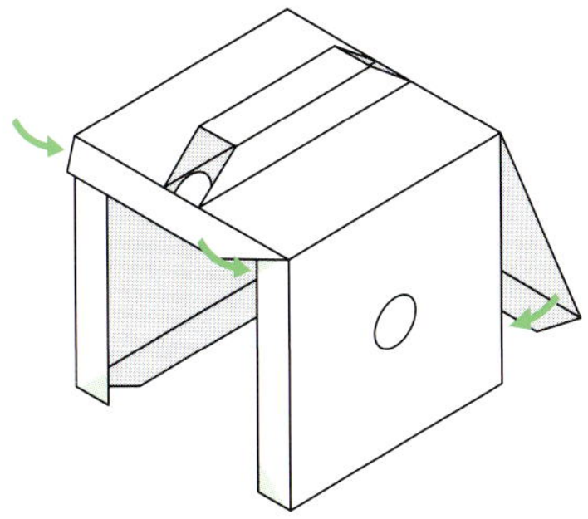

C

❷を組み立て、❹にはめこんで左右でのりづけします。

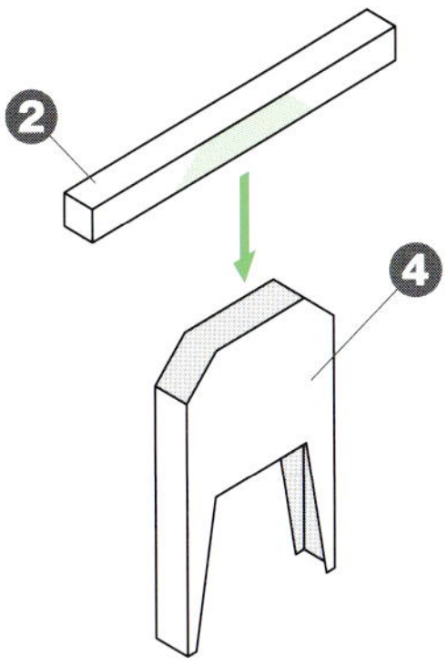

D

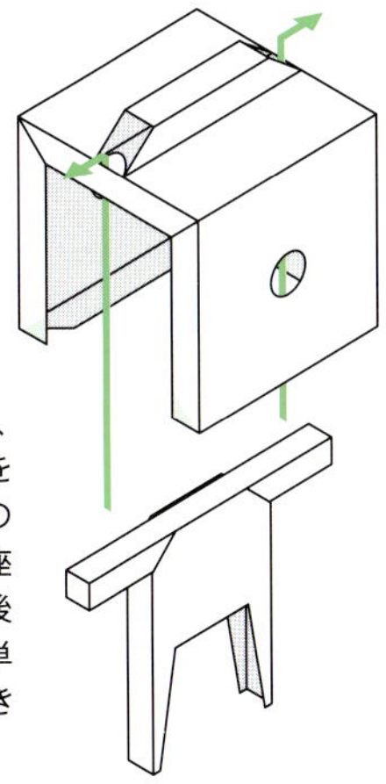

台座の底から通して、前後の穴からロッドを出します。初めに前の穴に通してから、台座をゆがませるように後ろの穴に通すと、簡単に差し込むことができます。

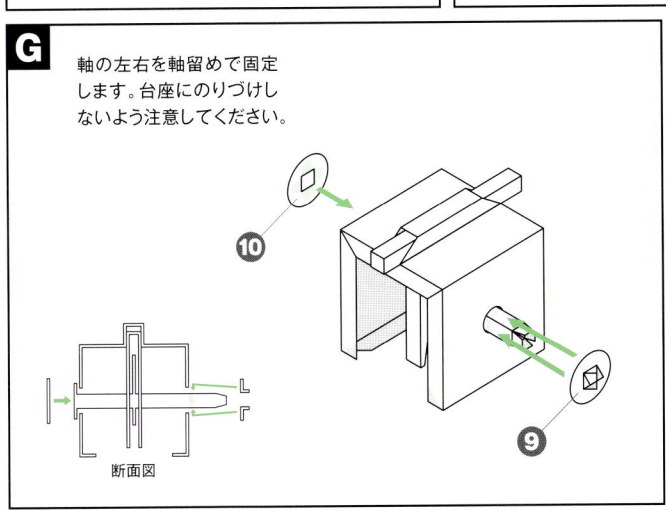

E

軸の両端からカムを差し込み、のりづけします。強度を増すために、紙の裏面どうしも貼り合わせます。

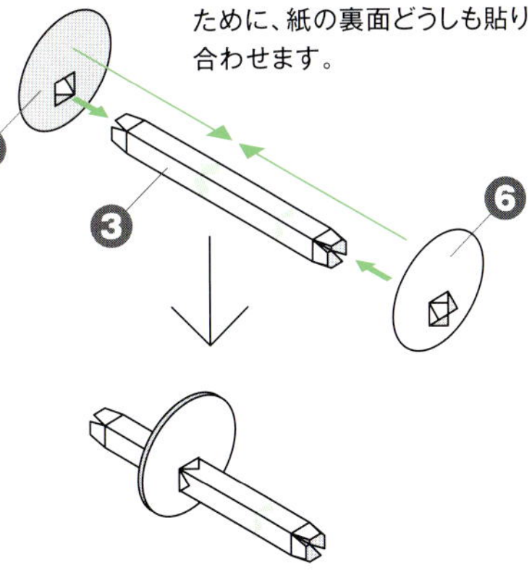

F

Eをはめ込み、カムを溝に差し込みながら左右の穴から軸の先を出します。のりづけはしません。

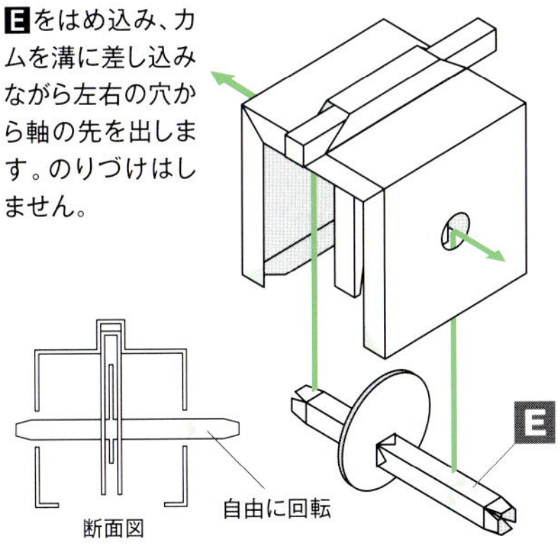

G

軸の左右を軸留めで固定します。台座にのりづけしないよう注意してください。

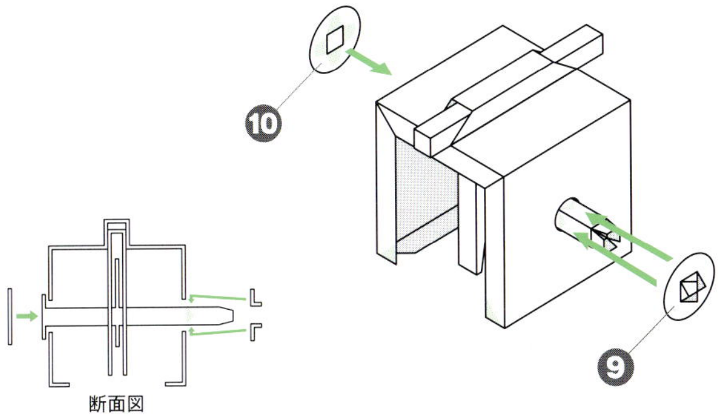

H

ハンドルと底を取りつけて完成です。

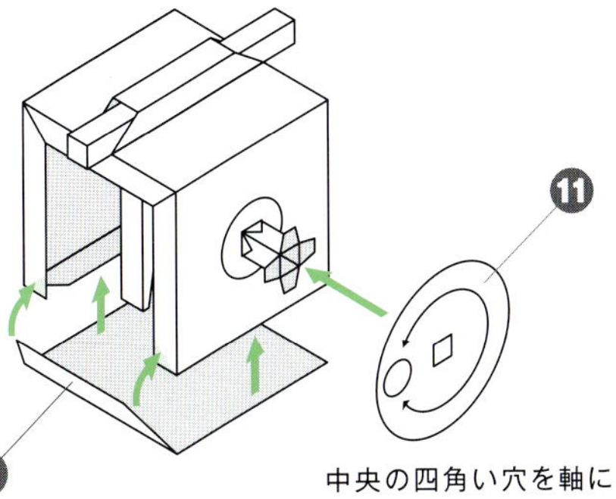

中央の四角い穴を軸に合わせてのりづけします。

クランクA

ロッドが楕円運動を繰り返します。

展開図 ▶ 65/67ページ
解　説 ▶ 20ページ

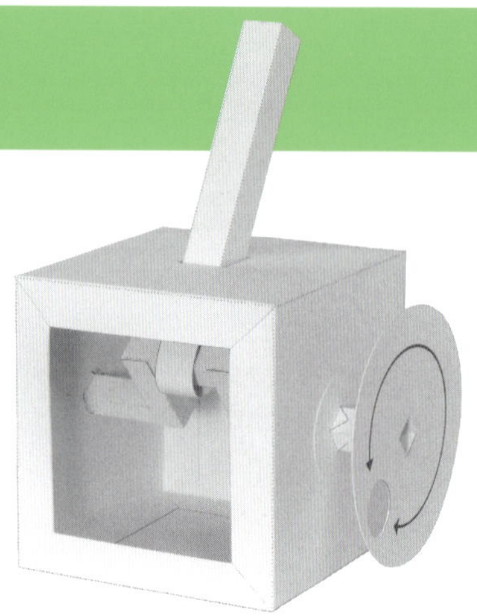

実線 切りとり線

点線 山折り線

破線 谷折り線

のりづけ位置
（説明図中では、薄い緑で表示）

切り抜き箇所

円の中心
（サークルカッターを使う場合）

A

台座を組み立てます。後ろ、前の順にのりづけし、底はまだ取りつけません。

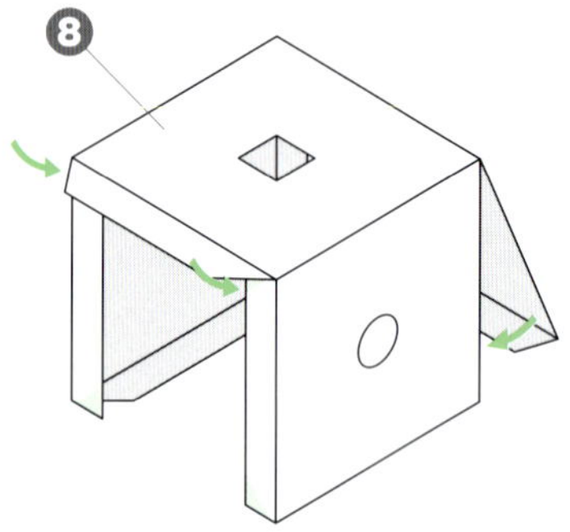

B

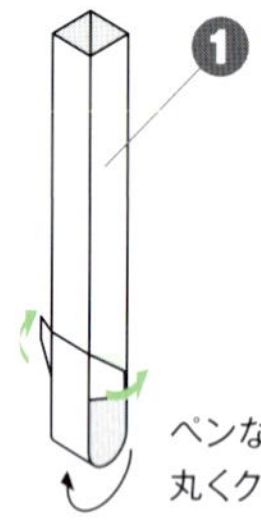

ペンなどに巻きつけて丸くクセをつけておきます。

C

同じ矢印どうしが向き合うようにのりづけしクランクを組み立てます。❸と❹はまだのりづけしません。

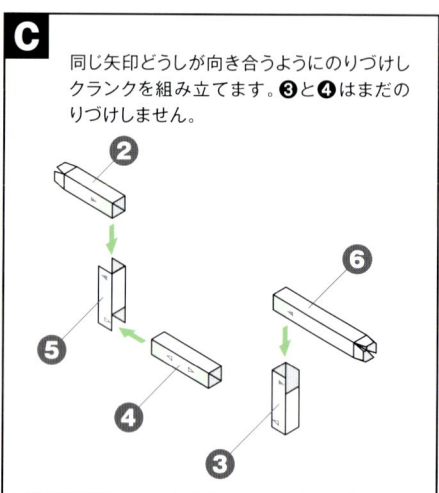

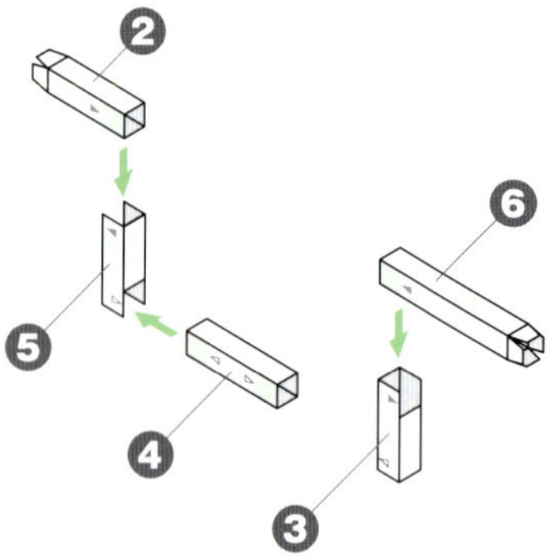

D

🅱を通しながら❸と❹をのりづけし、クランクを完成させます。🅱は自由に回転します。

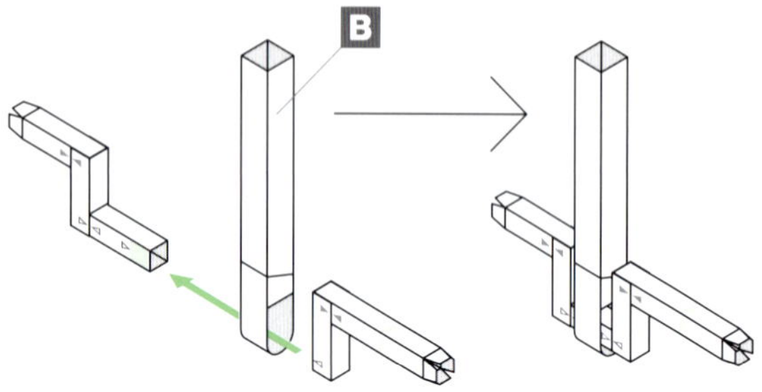

E

🅳を台座の底から差し込み、上面と左右の穴から軸の先を出します。のりづけはしません。

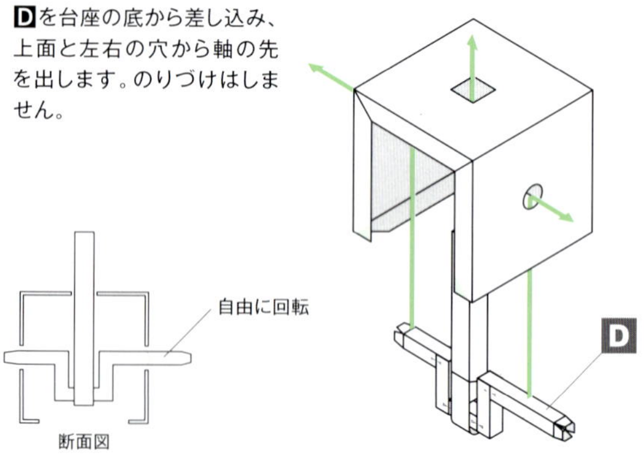

F

軸の左右を軸留めで固定します。台座にのりづけしないよう注意してください。

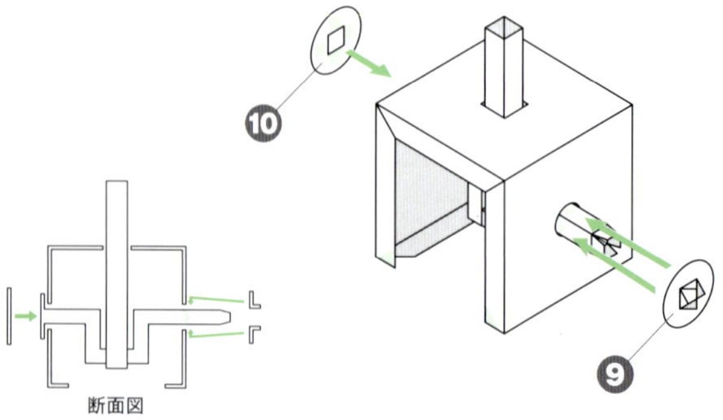

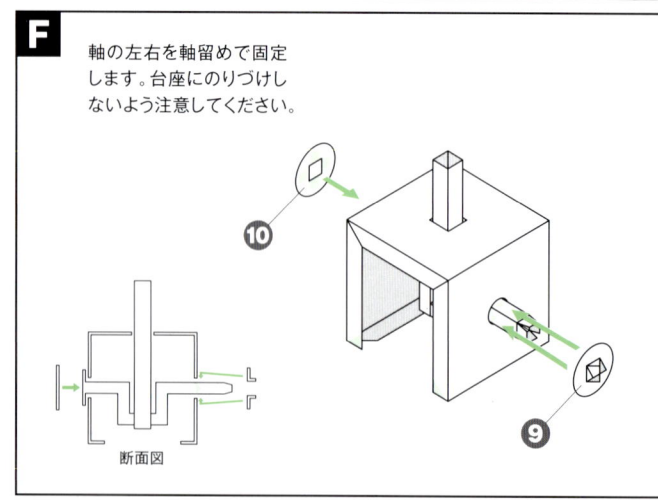

G

ハンドルと底を取りつけて完成です。

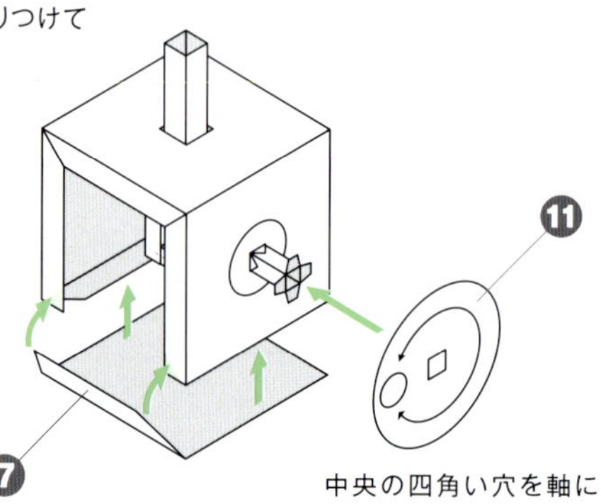

中央の四角い穴を軸に合わせてのりづけします。

クランクB（クランクロッカー）

リンク装置によってロッドが揺れ動きます。

展開図 ▶ 69/71ページ
解　説 ▶ 20ページ/24ページ

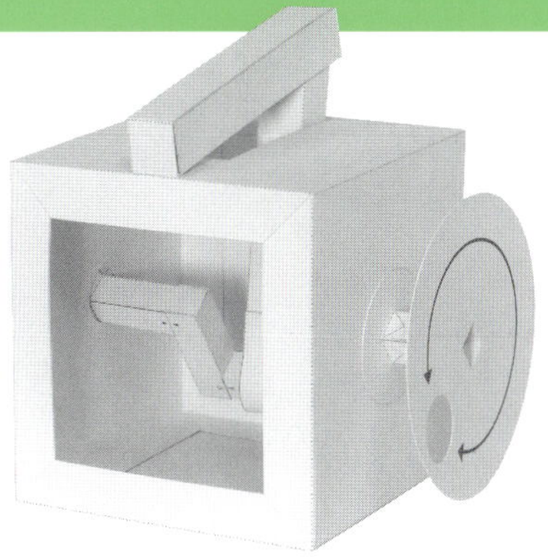

実線 ——	切りとり線	（点描の枠）	のりづけ位置（説明図中では、薄い緑で表示）
点線 ········	山折り線	（斜線の枠）	切り抜き箇所
破線 — — —	谷折り線	＋	円の中心（サークルカッターを使う場合）

A

台座を組み立てます。後ろ、前の順にのりづけし、底はまだ取りつけません。

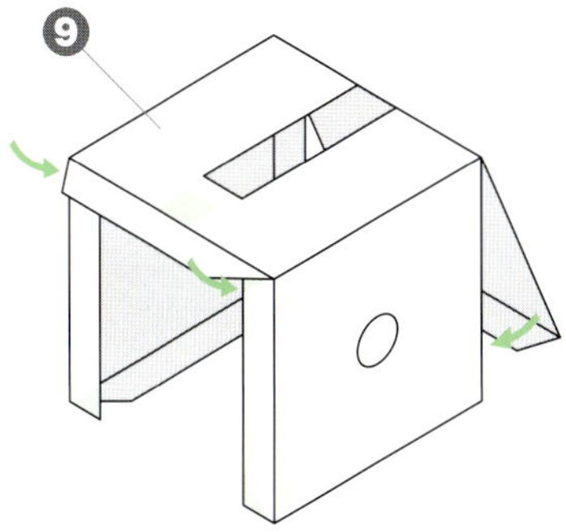

B

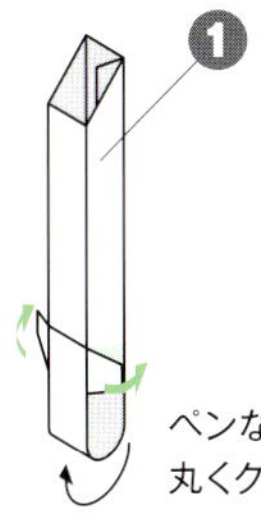

C

同じ矢印どうしが向き合うようにのりづけし、クランクを組み立てます。❹と❺はまだのりづけしません。

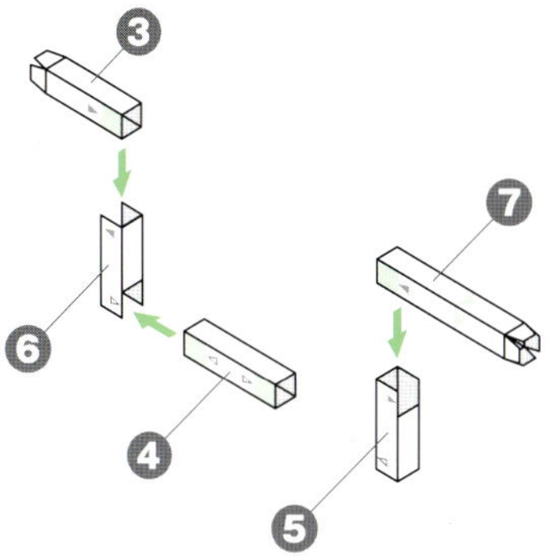

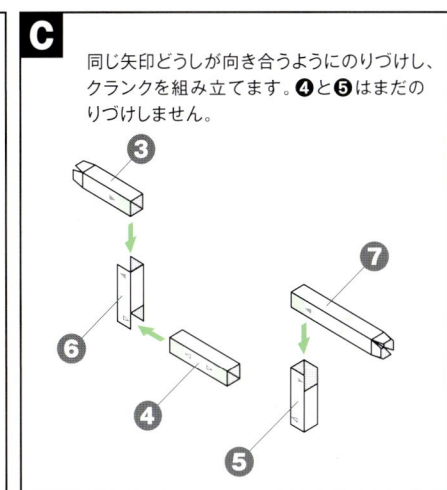

D

Bを通しながら❹と❺をのりづけし、クランクを完成させます。差し込む向きに注意してください。Bは自由に回転します。

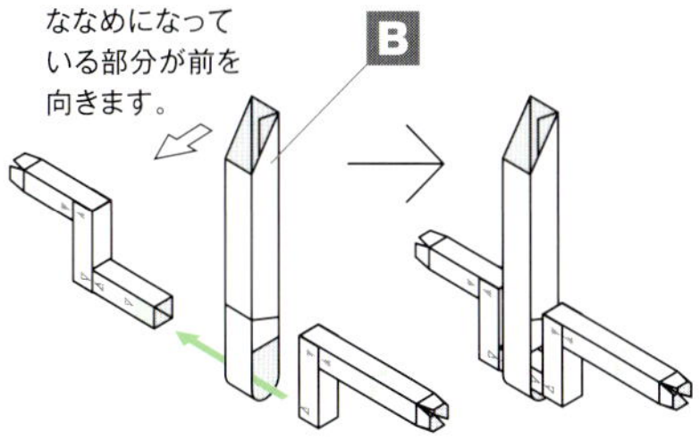

E

Dを台座の底からはめ込み、上面と左右の穴から軸の先を出します。ともに、のりづけはしません。

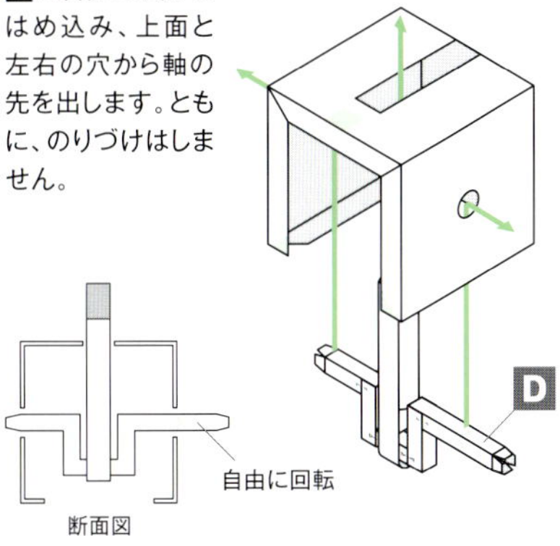

F

穴の空いている側をロッドにかぶせて、のりづけします。反対側ののりしろは、台座に貼りつけます。

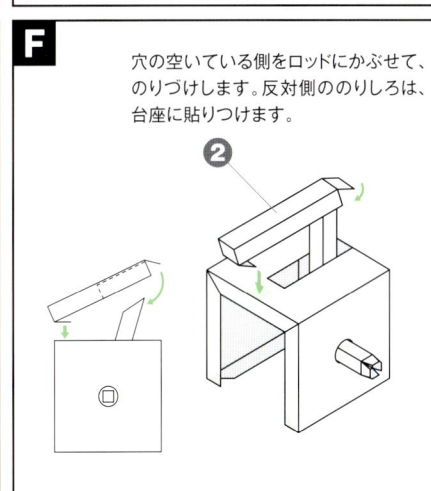

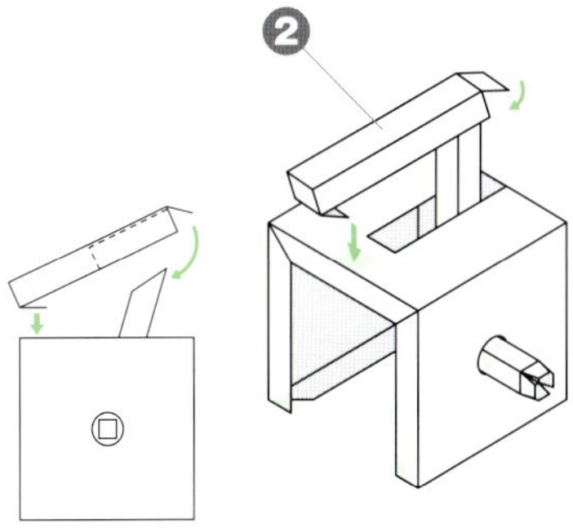

G

軸の左右を軸留めで固定します。台座にのりづけしないよう注意してください。

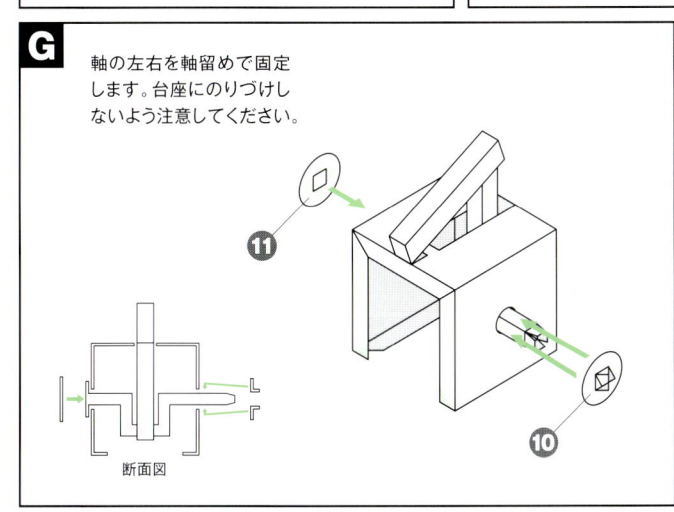

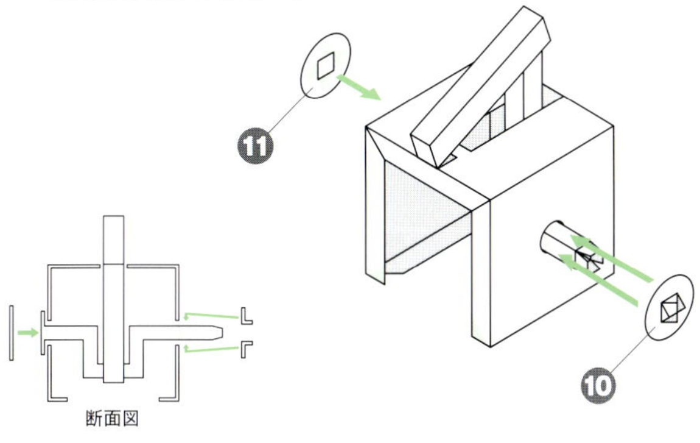

H

ハンドルと底を取りつけて完成です。

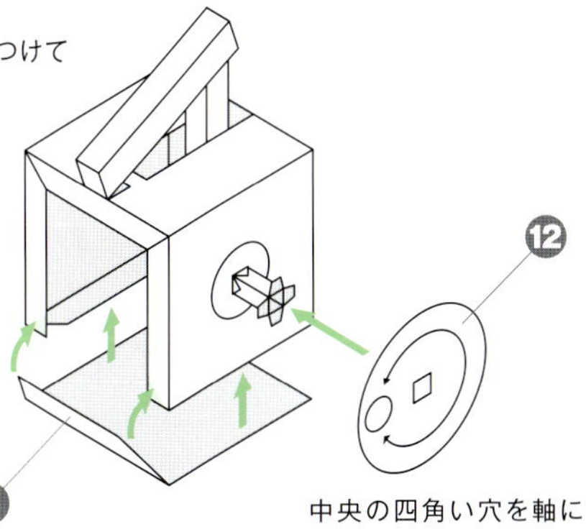

クランクC（クランクスライダ）

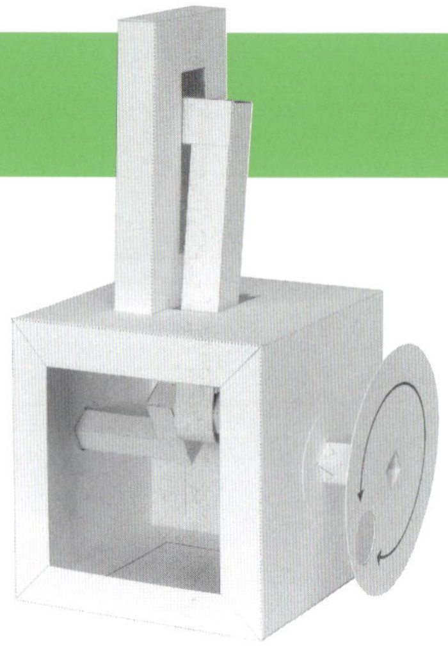

クランクの回転運動を上下の往復運動に変換します。

展開図 ▶ 73/75ページ
解　説 ▶ 20ページ

- 実線　切りとり線
- 点線　山折り線
- 破線　谷折り線
- のりづけ位置（説明図中では、薄い緑で表示）
- 切り抜き箇所
- 円の中心（サークルカッターを使う場合）

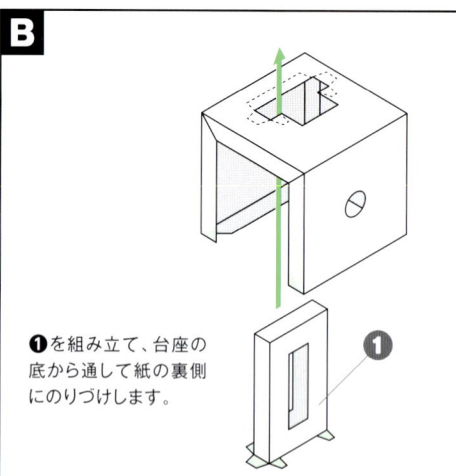

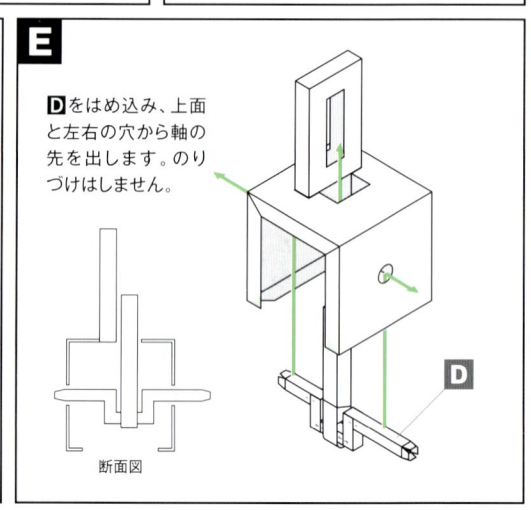

A

台座を組み立てます。後ろ、前の順にのりづけし、底はまだ取りつけません。

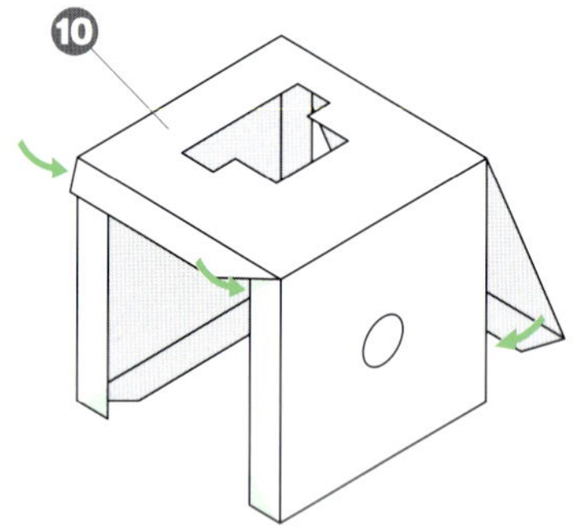

B

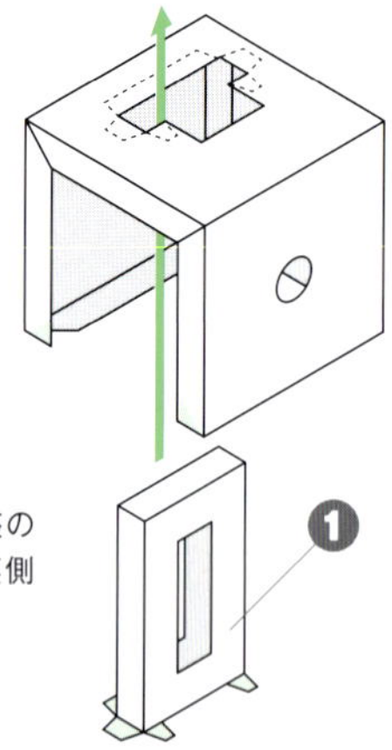

❶を組み立て、台座の底から通して紙の裏側にのりづけします。

C

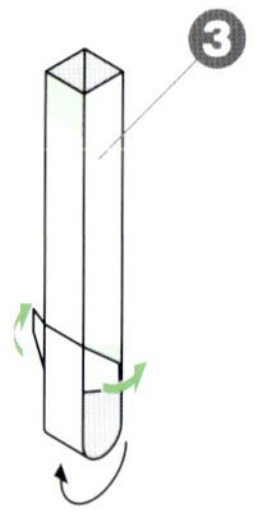

ペンなどに巻きつけて丸くクセをつけておきます。

D

同じ矢印どうしが向き合うようにのりづけし、Cを通してクランクを組み立てます。Cは自由に回転します。

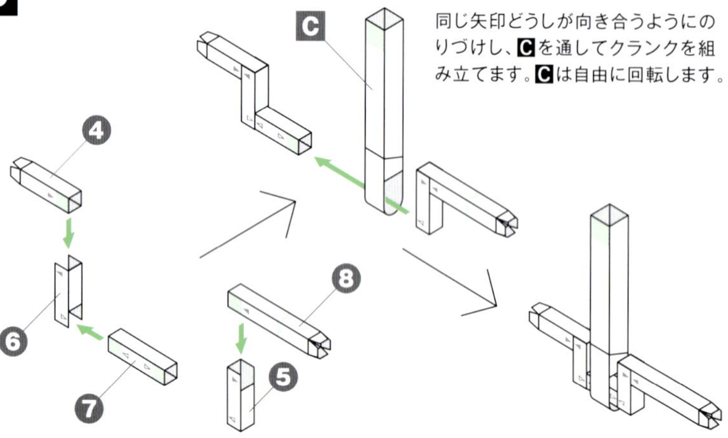

E

Dをはめ込み、上面と左右の穴から軸の先を出します。のりづけはしません。

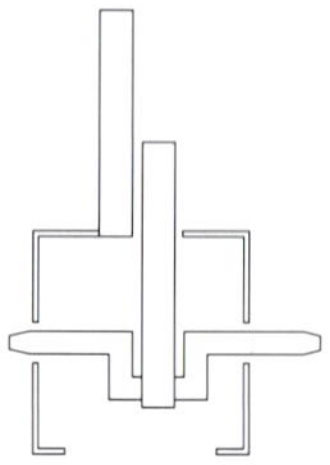

断面図

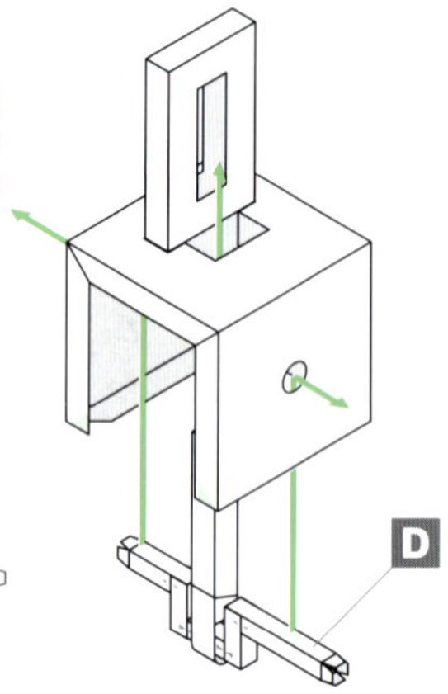

F

軸の左右を軸留めで固定します。台座にのりづけしないよう注意してください。

❶の穴を通してロッドの先にのりづけします。

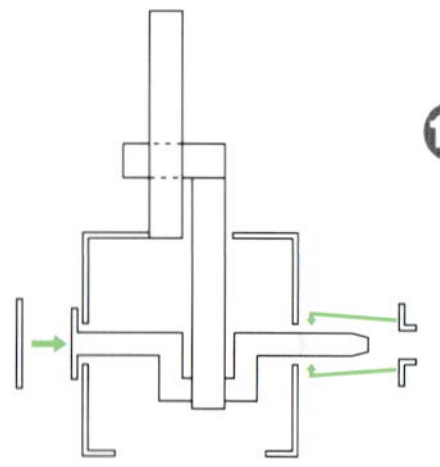

断面図

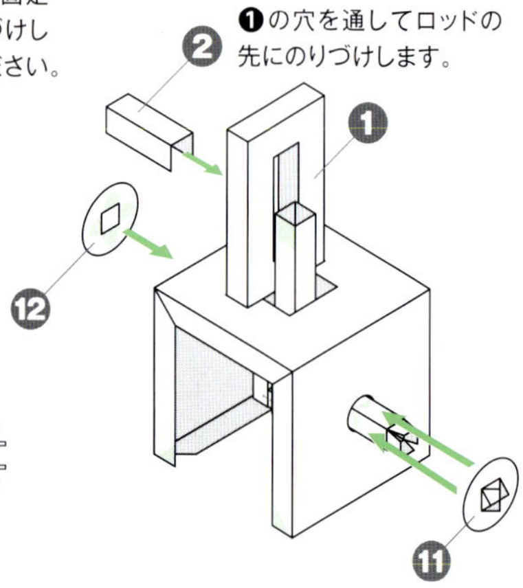

G

ハンドルと底を取りつけて完成です。

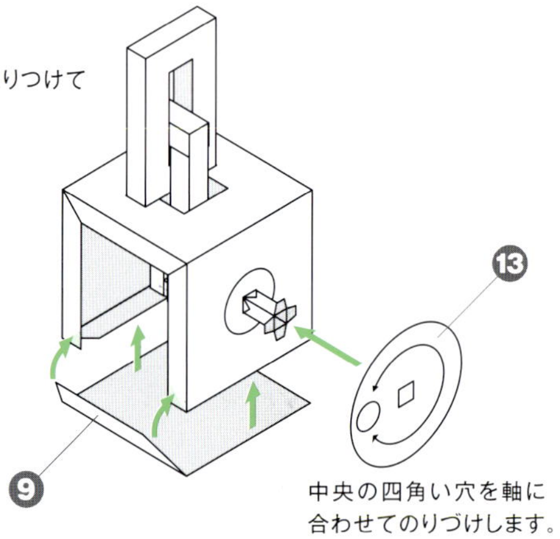

中央の四角い穴を軸に合わせてのりづけします。

ギアA

ハンドルの回転と並行して歯車が回転します。

展開図 ▶ 77/79ページ ★連結モデルを作る場合は、93ページの別パーツを使います。
解　説 ▶ 22ページ

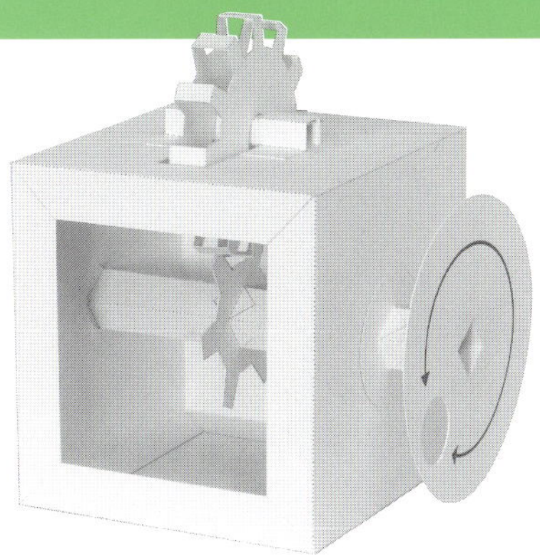

実線 ──── 切りとり線	のりづけ位置（説明図中では、薄い緑で表示）
点線 ………… 山折り線	切り抜き箇所
破線 ─ ─ ─ 谷折り線	＋ 円の中心（サークルカッターを使う場合）

A

台座を組み立てます。後ろ、前の順にのりづけし、底はまだ取りつけません。

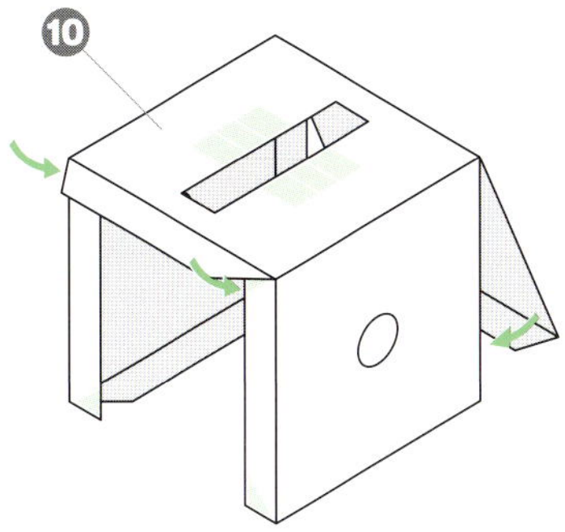

B

歯車の歯を1枚ずつ貼り合わせて組み立てます。

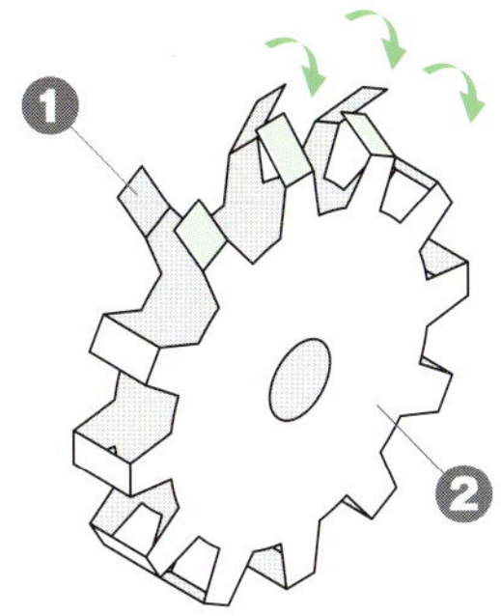

C

軸の両端から歯車を差し込み、のりづけします。強度を増すために、紙の裏面どうしも貼り合わせます。

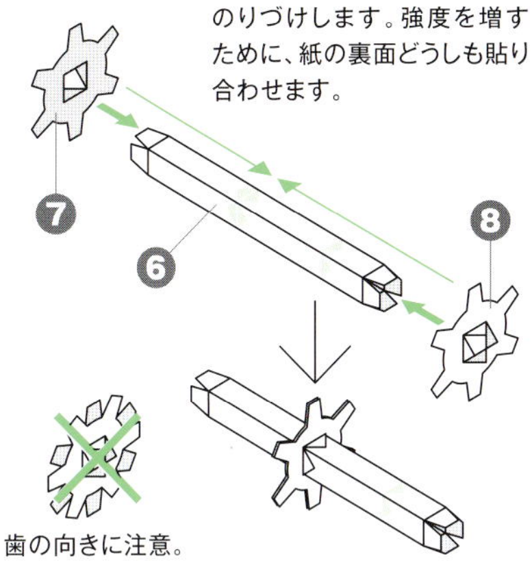

歯の向きに注意。

D

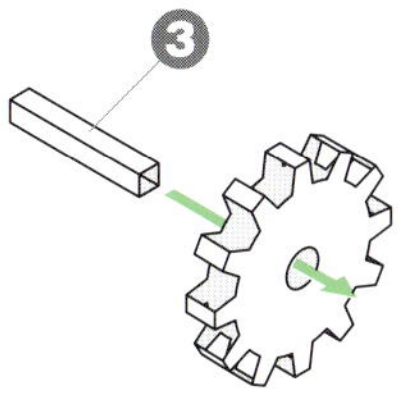

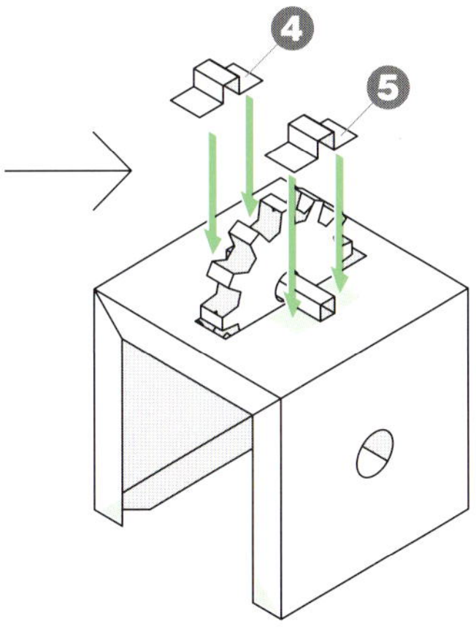

❸を歯車に通して台座にのりづけし、さらに❹❺をかぶせてのりづけして補強します。歯車は自由に回転します。

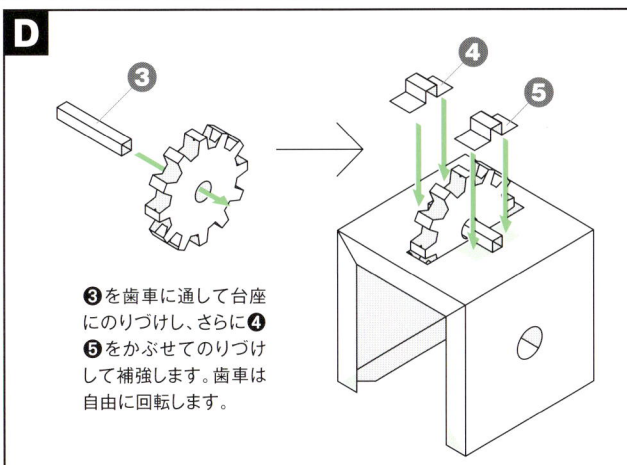

E

Cをはめ込み、歯車どうしをかみ合わせながら、左右の穴から軸の先を出します。のりづけはしません。

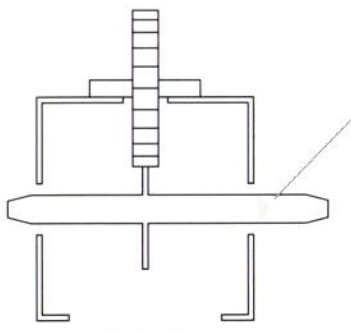

断面図

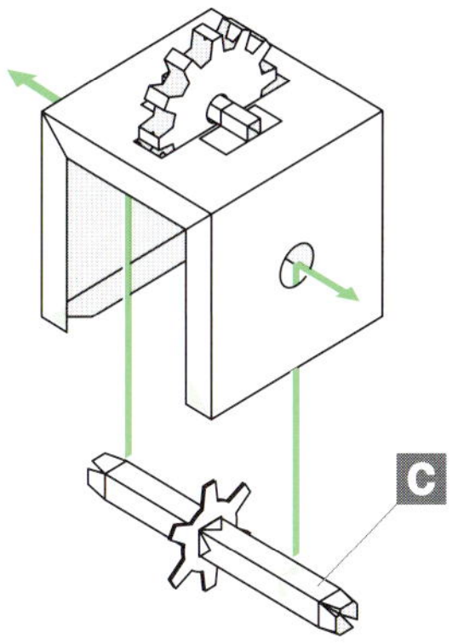

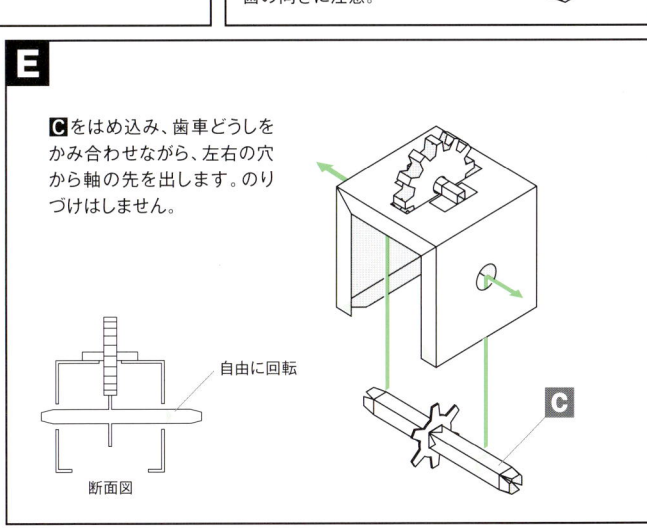

F

軸の左右を軸留めで固定します。台座にのりづけしないよう注意してください。

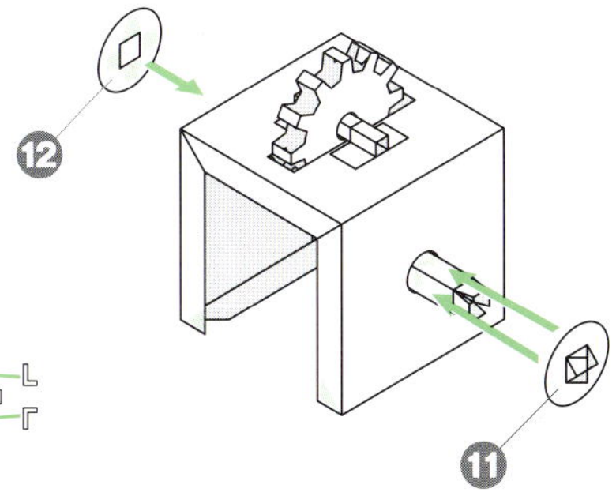

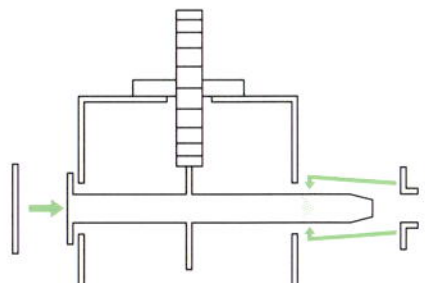

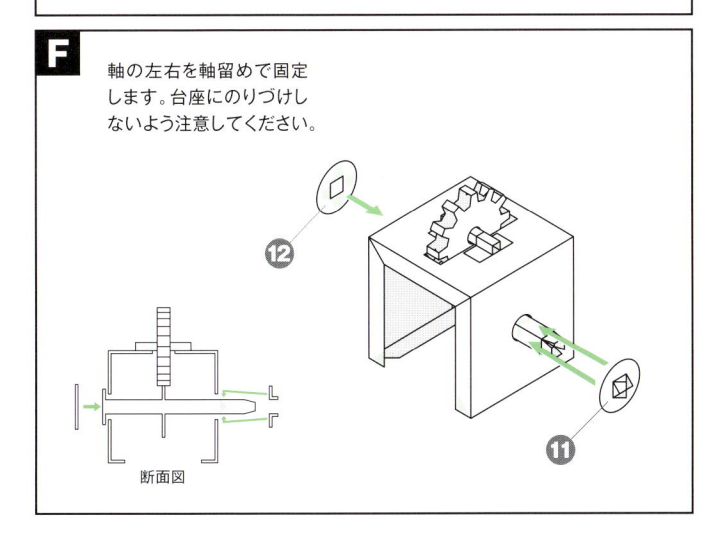

断面図

G

ハンドルと底を取りつけて完成です。

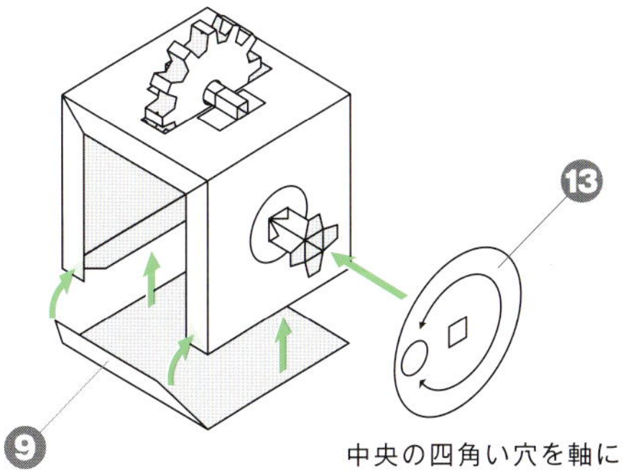

中央の四角い穴を軸に合わせてのりづけします。

ギアB

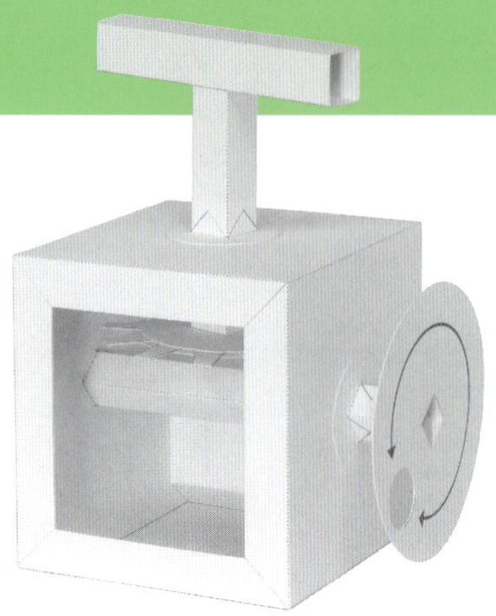

ハンドルの回転と直交して歯車が回転します。

展開図 ▶ 81/83ページ　★連結モデルを作る場合は、93ページの別パーツを使います。
解　説 ▶ 22ページ

実線	切りとり線		のりづけ位置（説明図中では、薄い緑で表示）
点線	山折り線		切り抜き箇所
破線	谷折り線	＋	円の中心（サークルカッターを使う場合）

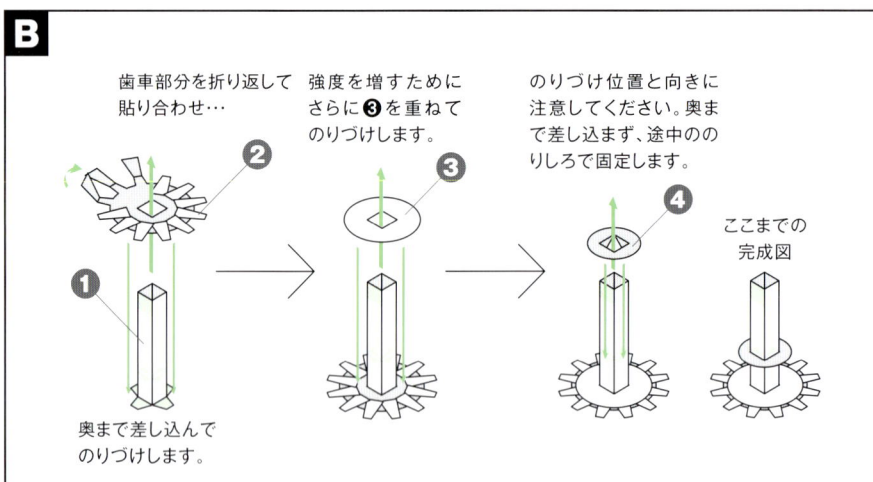

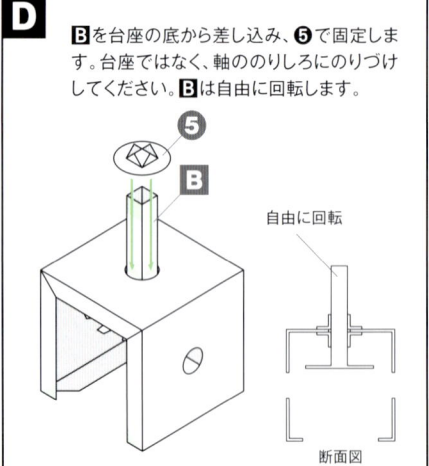

A

台座を組み立てます。後ろ、前の順にのりづけし、底はまだ取りつけません。

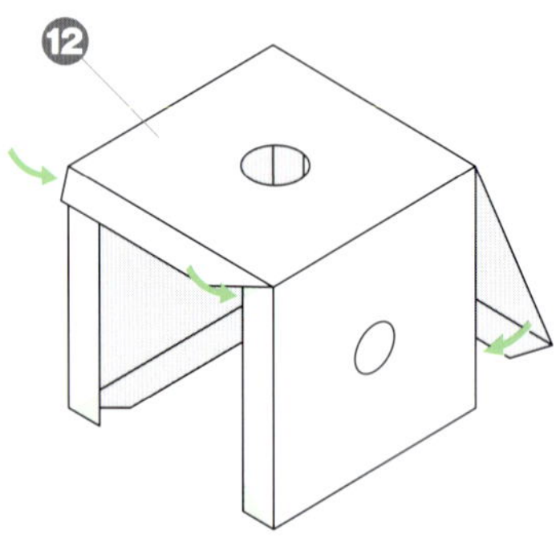

B

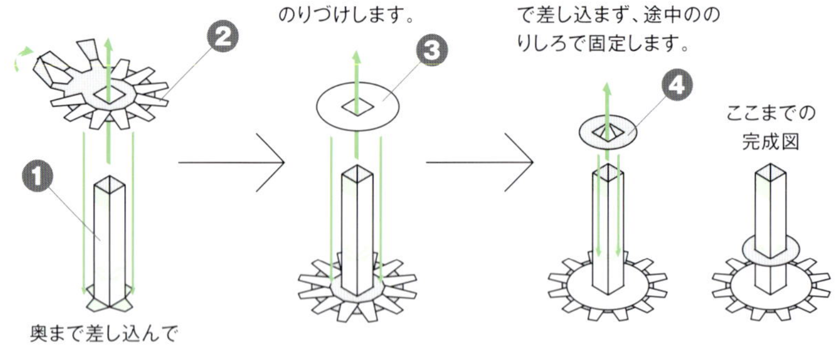

奥まで差し込んでのりづけします。
強度を増すためにさらに❸を重ねてのりづけします。

のりづけ位置と向きに注意してください。奥まで差し込まず、途中ののりしろで固定します。

C

軸の両端から歯車を差し込み、のりづけします。強度を増すために、紙の裏面どうしも貼り合わせます。

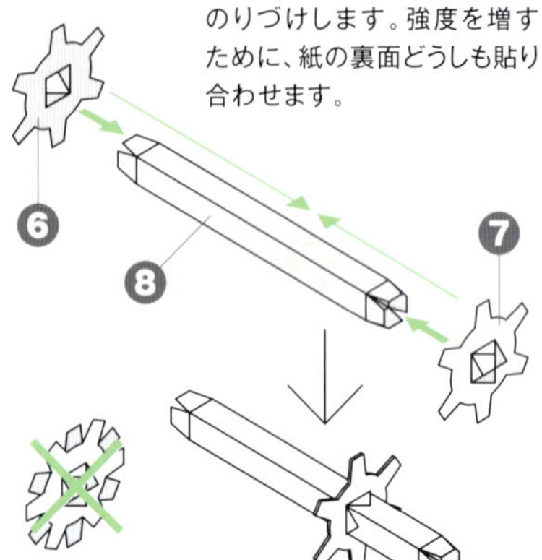

歯の向きに注意。

D

Bを台座の底から差し込み、❺で固定します。台座ではなく、軸ののりしろにのりづけしてください。Bは自由に回転します。

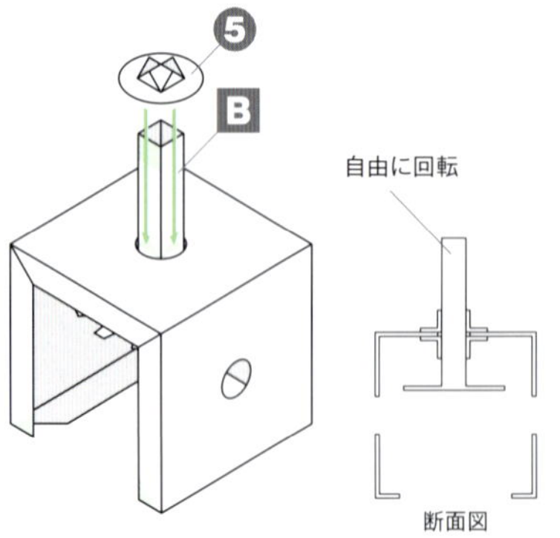

E

Cをはめ込み、歯車をかみ合わせながら左右の穴から軸の先を出します。のりづけはしません。

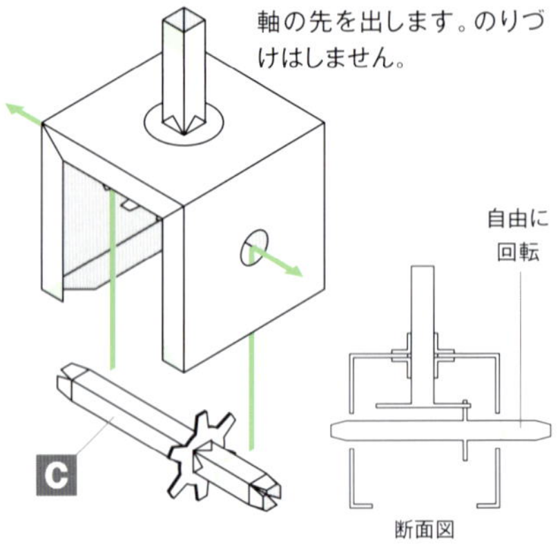

F

軸の左右を軸留めで固定します。台座にのりづけしないよう注意してください。

❽を組み立て、軸にのりをつけて差し込みます。

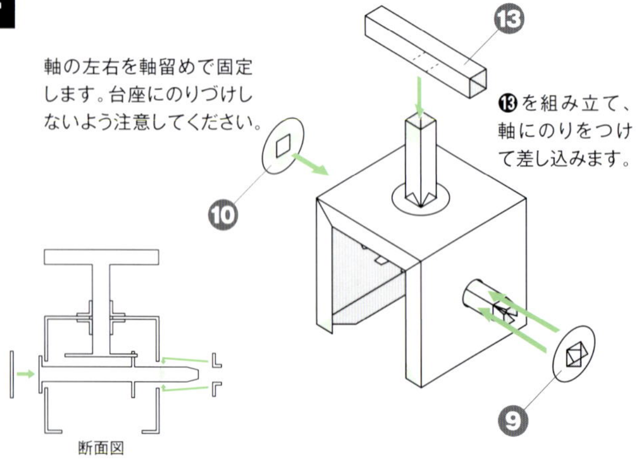

G

ハンドルと底を取りつけて完成です。

中央の四角い穴を軸に合わせてのりづけします。

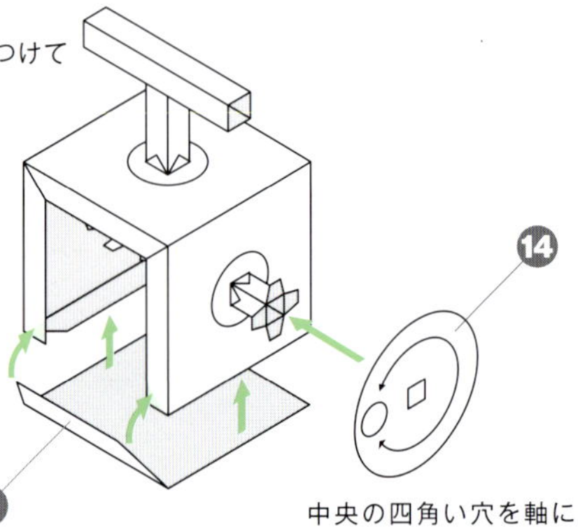

ゼネバストップ

歯車が断続的に回転します。

展開図 ▶ 85/87ページ ★連結モデルを作る場合は、93ページの別パーツを使います。
解　説 ▶ 26ページ

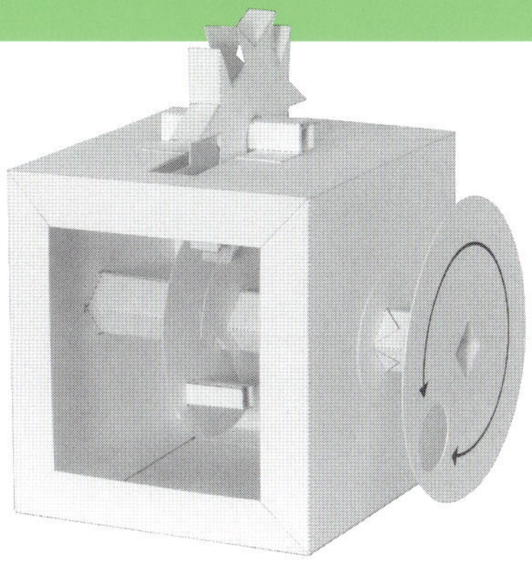

実線 切りとり線
点線 山折り線
破線 谷折り線
のりづけ位置（説明図中では、薄い緑で表示）
切り抜き箇所
円の中心（サークルカッターを使う場合）

A

台座を組み立てます。後ろ、前の順にのりづけし、底はまだ取りつけません。

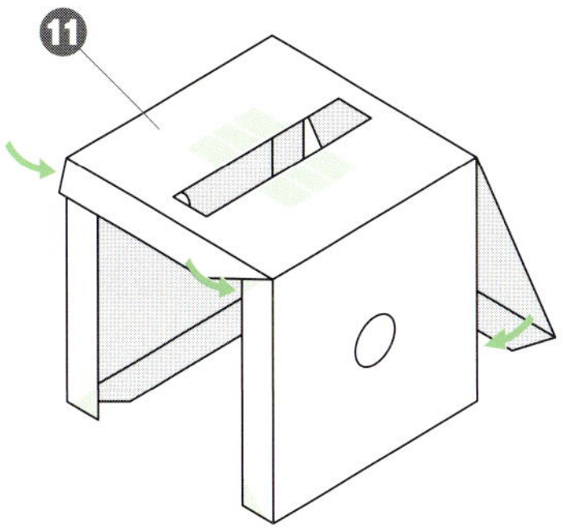

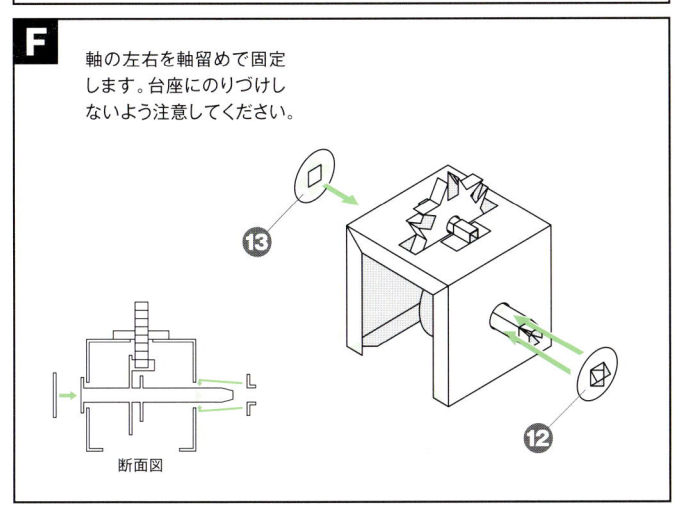

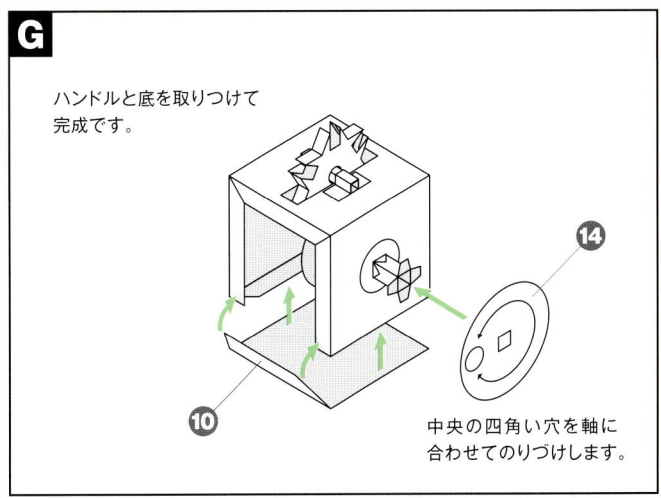

B

歯車のひれを1枚ずつ貼り合わせて組み立てます。

C

ピン❻を取りつけた部分に円板❼の欠けた部分がくるよう、向きに注意してください。

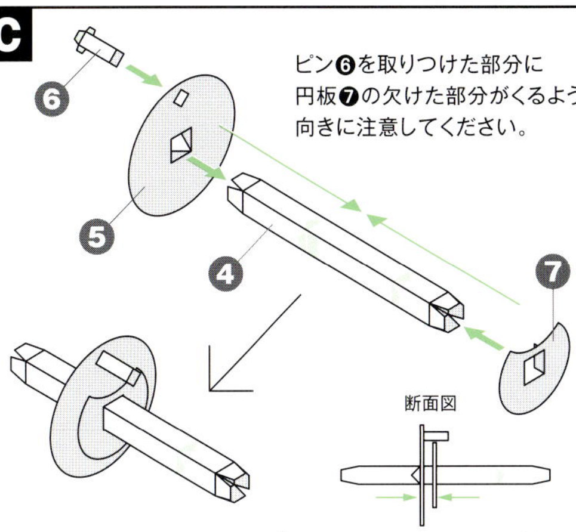

❼ののりしろの分だけすき間があきます。

D

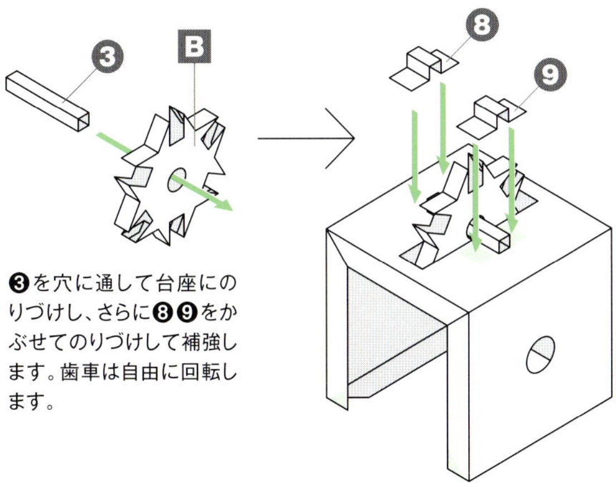

❸を穴に通して台座にのりづけし、さらに❽❾をかぶせてのりづけして補強します。歯車は自由に回転します。

E

Cをはめ込み、左右の穴から軸の先を出します。のりづけはしません。

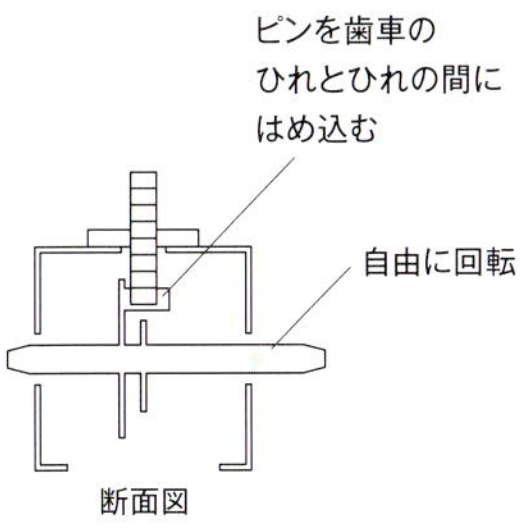

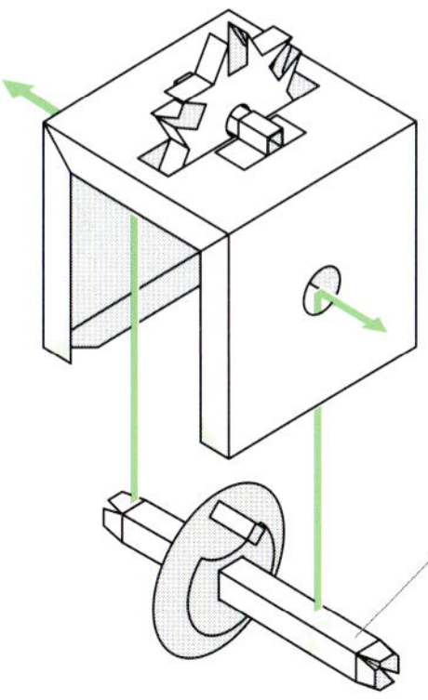

F

軸の左右を軸留めで固定します。台座にのりづけしないよう注意してください。

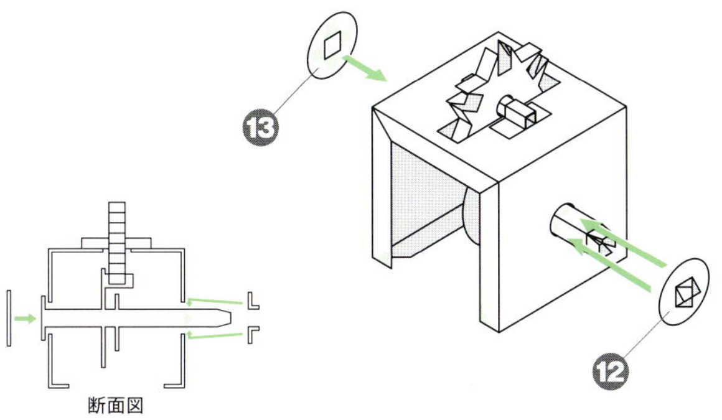

G

ハンドルと底を取りつけて完成です。

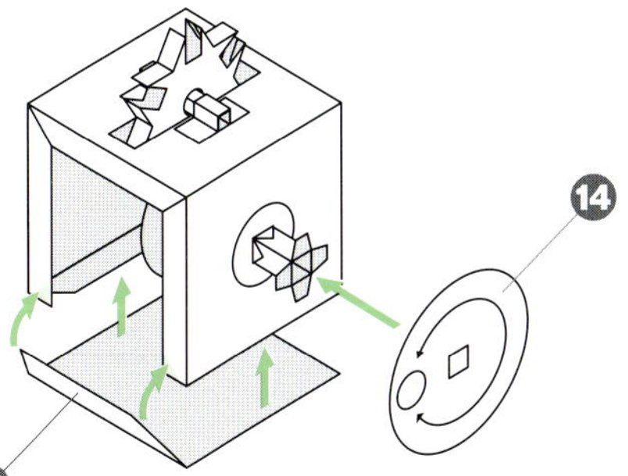

中央の四角い穴を軸に合わせてのりづけします。

ホワイトモデルと物理
からくりと過ごした高校生の夏休み

小林雅之
多摩大学附属聖ヶ丘中学高等学校
物理教諭
(2008年より東京学芸大学附属高等学校 教諭)

写真1は何に見えますか? 2匹のタコの握手? すばらしい想像力! なるほど、確かに足は8本ずつです。本当の本数はガウスの法則で定義されています。—— ? では、写真2はどうでしょう? なだらかな曲線は富士山?

実は2つの写真はひとつの紙工作で、斜めから見るとこの通り(写真3)。写真4は、ノートにしまえるように足をたたんだところです。

髪の毛を下敷きで摩擦すると静電気が発生します。写真1は、点にある正と負の静電気がつくる世界=電場(電界)の様子を、タコの足のように見える電気力線で表現したものです。磁石の世界=磁場(磁界)を表現する磁力線なら知っているでしょうか。どちらもファラデーが考え出した概念です。

写真2は静電気の世界を地形のように表現したもので、山の高い部分を、標高と言わずに、電位が高いと言います。電位はV(ボルト)という記号で表します。ある点に静電気があるときの電位は

$$V = k_0 \frac{Q}{r}$$

Q=点にある静電気の大きさ
r=点から離れている距離

という式で表されます。k_0 は物理学者クーロンが測定した定数です。ここで、静電気の「大きさ」をQ = 1.0×10^{-9}(クーロン)とおくと

$$V = \frac{9}{r}$$

という簡単な式になります。模型の設計に応用すると、
r=1cm、2cm、3cm、4cm、5cm、6cm の場合なら、
V=9cm、4.5cm、3cm、2.25cm、1.8cm、1.5cm です。
富士山のような形の正体は、反比例の式でできていたのです。数値から「形」が見えてくると、物理の勉強も本物に近づきます。

少し難しい話になってしましまいたね。

私は高等学校で物理を教えています。紙工作も大切な教材のひとつで、自分で開発して授業に活用しています。模型を「色々」な角度からながめていると、「性質」が異なるように思えた物理の法則もひとつにつながって見えてきます。「大きさ、形、色、質感」。アートの世界と物理の世界。共通点があるように感じています。

写真1

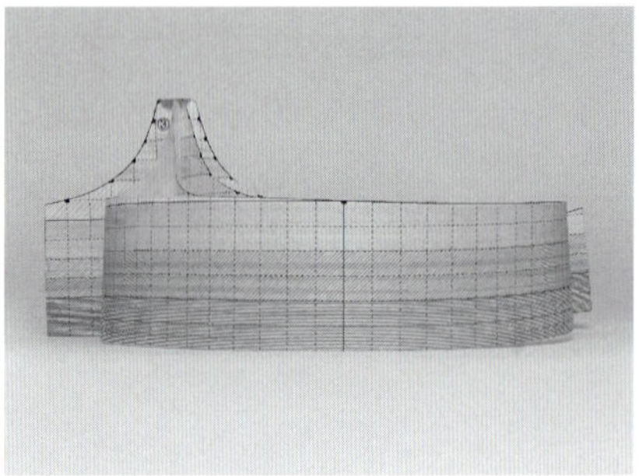

写真2

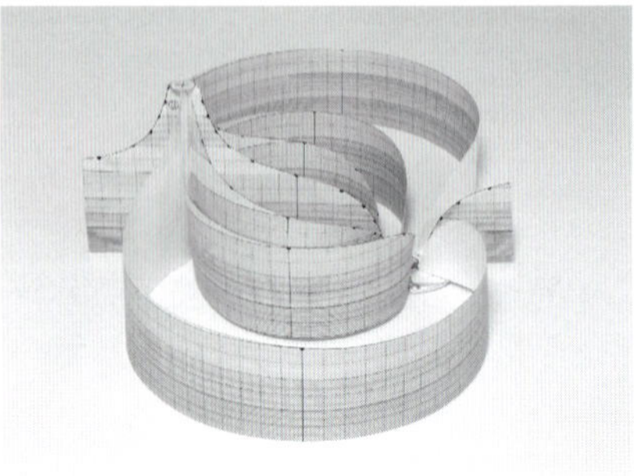

写真3

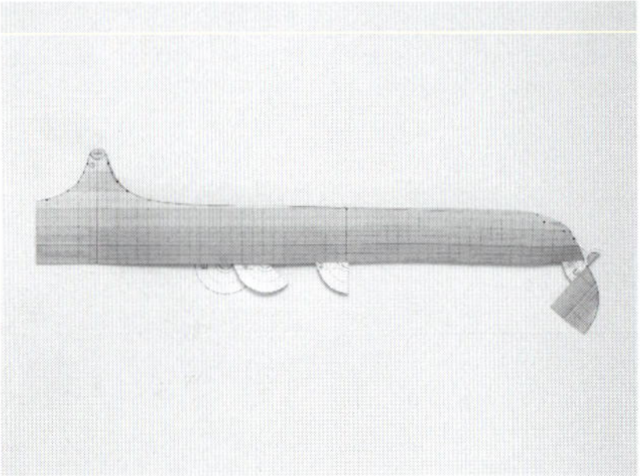

写真4

「これおもしろそう!」「私に作れるのかなぁ?」廊下に貼りだした展開図を前に、話がはずみます（上）。
夏休み明けの物理室には、100点をはるかに超える力作が集まりました（右）。

本物の物理は、もっと高度な数学を使って自然現象を表現します。高校物理の段階では、公式だけでなく、図やグラフなどの視覚的な理解を学習に取り入れています。このことは、高校物理のひとつの魅力だと私は考えています。

毎年、物理がほとんどホワイトな高校生に話を始めます。1学期に学んだ色を消さずに、物理というモデルに面白さを感じ、探究心を深めて、2学期の授業を楽しく始めたい…。私は、その目標を実現する夏休みの課題を探していました。

2006年の3月、坂啓典さんに出会い、試作中の『からくりの素』を見せてもらいました。円形のハンドルの小穴に指先を入れ、時計回りにハンドルを回す。ちょっと変わった角柱の回転軸…が回って…クランクが動く。それだけ…なんだけれども…しなやかな紙だから軽く回る。角柱だから差し込んだだけで確実に力が伝わる。

つなげたらどうなるかな…高校生なら何を考えて…どうするかな? それまで、私の物理教材の紙工作には動くものはありませんでした。期待が膨らんで、制作中のキットを使って夏休みの課題研究を実施することになりました。

7月初め、待望の『からくりの素キット』が学校に届きました。10種類のからくりのうち、生徒が作るのはどれか1点だけ。すべての型紙と説明書を物理室の廊下に掲示して公開し、どのからくりを作りたいか、希望調査を行いました。機構が簡単そうなギアとカムに生徒の第1希望が集中。くじ引きかなとも思いましたが、第2希望はうまく分散していました。調整して、第2希望までの範囲内で生徒に手渡すことができました。

図工のようかな?…高校生の紙工作…作ってくれるかな? 私も挑戦…いろいろとアイデアがあったはず…なんですが、ホワイトモデルが予想外に美しく感じたこともあって、なかなか手を加えることができません。クランク、ギア、カムなどの機構は本物。これは難度の高い夏休みの課題になってしまいました。生徒はどうしているか、少し不安な夏休みを過ごしました。

9月1日の始業式。からくり紙工作のレポート提出日でした。驚きました。予想を越えた奮闘ぶり。さすが高校生!! からくりの製作途中の写真、自分の工夫点が詳しく書いてあります。「ゼネバストップは動くようにするだけで苦労しました」という声もありましたが、高校1年生の口から専門用語が…。それだけでも夏休みの収穫です。機構の工作がしっかりできると、応用や発展が容易になって、本格的な「からくり」が作りやすかったようです。

2学期最初の物理の授業。力作が勢ぞろいしました。物理室の最前列8人分の座席が舞台。発表者が順に座ります。ビデオカメラを台車に載せ、舞台の前を移動させながら撮影。2台のテレビモニタにからくりのアップが映る。1人ずつ自分の作品を動かしながら、カメラに向かってタイトルを紹介。自分の方ではなく、反対側のカメラに向けてハンドルを回す…。タイトル…何だっけ?…せっかく考えたのに…無題でいいや…ハンドル…どっちに回せば…うまく回らない…どうしよう? 緊張しているのか、動かす手がぎこちない…。同じからくりでも、仕上がりは生徒によって多種多様。予想外の動きに大きな歓声。からくりの後に大勢の生徒の笑顔。楽しい作品発表会になりました。

発表の後、物理室の壁面に長さ1.8mの棚板10枚を設置して、生徒が作ったからくりを展示しました。生徒の作品を並べると、まるで紙工作の博物館のようです。物理をとっていない生徒、学校見学に来た小学生も、できあがったからくりを見て、触って動かしてみたいようでした。

ロボットは最先端の科学技術で、からくりのような機構がたくさん組み合わされて造られています。高校物理では機械工学の魅力に触れる場面はありませんが、からくり仕掛けのペーパークラフトは、てこの原理、力のモーメント、力の伝達の働きを学習するのに向いています。色やデザインなど、生徒たちが自分の思い通りの工夫ができるのも、紙という素材の利点です。

力学分野の紙工作の教材が仲間入り。紙工作で終わりにせず、物理の教材としての可能性を、今後も広げていきたいと考えています。

からくりの素・キット販売のご案内

価格=各200円+税　送料=一律310円

ご注文は総数3キット以上より承ります。

商品名	内容物
カムA	展開図2枚+組み立て説明図1枚（モノクロ）
カムB	展開図2枚+組み立て説明図1枚（モノクロ）
カムC	展開図2枚+組み立て説明図1枚（モノクロ）
カムD	展開図2枚+組み立て説明図1枚（モノクロ）
クランクA	展開図2枚+組み立て説明図1枚（モノクロ）
クランクB	展開図2枚+組み立て説明図1枚（モノクロ）
クランクC	展開図2枚+組み立て説明図1枚（モノクロ）
ギアA	展開図2枚+組み立て説明図1枚（モノクロ）
ギアB	展開図2枚+組み立て説明図1枚（モノクロ）
ゼネバストップ	展開図2枚+組み立て説明図1枚（モノクロ）
連結モデル用パーツ	展開図3枚

ご注文方法

ご注文方法は、以下のいずれかとなります。

1. 弊社ホームページのオンラインショップ

2. ファックス

3. 電話

※ 商品名、点数、お届け先、ご連絡のつきやすい電話番号、お支払い方法をお知らせください。

お支払い方法

お支払い方法は、以下の2つよりお選びください。

1. クレジットカード

VISA もしくは MASTERカードの、1回払いがご利用いただけます。

カード番号、有効期限（月／年）、氏名が必要となりますので、ご注文時の必要事項（上記）に加えてお知らせください。

2. 代金引換郵便

商品がお客様のお手元に届いた時点で、配達員に代金を支払うシステムです。

※ クレジットカード、代金引換郵便共に、送料（一律310円）は、お客様のご負担となります。

※ クレジットカードご利用手数料·代引き手数料は、弊社が負担させていただきます。

ご注文·お問い合わせ先

株式会社 集文社

企画営業部

ホームページ……………… **http://www.shubunsha.net**

ファックス……………… **03-3219-6296**（年中無休）

電話……………… **03-3295-5700**（平日9:00－17:00）

参考文献（五十音順）

イラストだから簡単! なんでも自分で修理する本　洋泉社MOOK
解体新書ライブラリー モノの歴史・技術の歩み　解体新書編集部 編／日刊工業新聞社
機械運動機構　芦葉清三郎 著／技報堂
機械の再発見 ボールペンから永久機関まで　中山秀太郎 著／講談社ブルーバックス
子どもが知りたい いろんなモノのしくみがわかる本　科学プロダクション コスモピア 著／メイツ出版
初学者のための 機構学 実用機械工学文庫5　草ヶ谷圭司 著／理工学社
図解雑学 機械のしくみ　大矢浩史 監修／ナツメ社
図解雑学 自動車のしくみ　水木新平 監修／ナツメ社
図解・わかるメカトロニクス 身近な機械のしくみを解き明かす　小峯龍男 著／講談社ブルーバックス
設計者のための カム機構図例集　日本カム工業会 技術委員会 編／日刊工業新聞社
大自然のふしぎ 道具・機械の図詳図鑑　学習研究社
トイレになった男 衛生技師トーマス・クラッパー物語　ウォレス・レイバーン 著 ウサミナオキ 訳／論創社
トコトンやさしい 機械の本　朝比奈奎一・三田純義 著／日刊工業新聞社
100万人のメカニズム　野口尚一・北郷薫 監修／アグネ
「分解!」 日用品・自転車を分解してみると!　堀内篤 著／技術評論社
分解マニア!　寿ファミリーハウス 企画制作／三推社・講談社
メカニズムの事典（機械の素・改題縮刷版）　伊藤茂 編／理工学社
もののしくみと原理がひと目でわかる 身近な道具と機械の図鑑　川村康文 監修／PHP研究所
やさしい小学理科はアイデアの宝庫! からくり改善虎の巻　TPMエイジ編集部 編／日本プラントメンテナンス協会

CABARET MECHANICAL MOVEMENT　Cabaret Mechanical Theatre
THE WAY THINGS WORK　David Macaulay／Dorling Kindersley

著者・監修者略歴

坂啓典（さか・けいすけ）
ペーパーエンジニア／グラフィックデザイナー

1965年富山県生まれ。神戸大学文学部卒業後、桑沢デザイン研究所2部でビジュアルデザインを専攻。グラフィックデザイナーとして独立した1994年頃より、本業のかたわらペーパークラフトの制作を始める。1997年から3年間デンマークに在住。ヨーロッパのオートマタ（機械仕掛けの人形）に影響を受け、からくり仕掛けのペーパークラフトの制作を開始する。2000年に帰国し、デザイン事務所「図工室」を設立。ペーパーエンジニアとして活動を開始。市販キットのデザインに加え、広告、Webコンテンツ、雑誌付録、絵本など幅広い分野で活動中。「からくりペーパークラフト」シリーズは、海外でも評価を受け、現在アメリカと韓国でも出版されている。グラフィックデザイナーとしては、『季刊・生命誌』（JT生命誌研究館）、『中学校国語科教科書』（光村図書）などのディレクション、デザインを手がける。

ホームページ［紙工房］▶ www.zuko.to/kobo/

小林雅之（こばやし・まさゆき）
多摩大学附属聖ヶ丘中学高等学校 教諭
（2008年より東京学芸大学附属高等学校 教諭）

1962年栃木県生まれ。東京学芸大学教育学部卒業後、東京都立片倉高等学校に赴任し、造形美術コース設立に尽力。この頃から美術的な着想を物理教育に取り入れ始める。東京都立青山高等学校教諭、NHK教育セミナー高校講座物理講師、多摩大学附属聖ヶ丘中学高等学校教諭を勤め、現在、東京学芸大学附属高等学校教諭。主な研究発表に、チョロリンピッQ（チョロQの運動）、気体の状態の立体模型、輪ゴム式ウェーブマシン、初歩のトランジスタ回路～音と光の電子工作。主な著作に、教科書高等学校物理（数研出版、共著）、フォトサイエンス物理図録（数研出版、物理実験協力）など。

白井靖幸（しらい・やすゆき）
日本メカニズムアーツ研究会 会長／千葉工業大学 教授

1941年新潟市生まれ。千葉工業大学電気工学科卒業後、東工大付属教員養成所、千葉工業大学精密機械工学科、工業デザイン工学科勤務を経て、現在教育センター教授。日本技術史教育学会筆頭理事、日本メカニズムアーツ研究会会長。航法計器の研究を行うと共に、技術史関連として時計やからくりの研究と製作にも取り組む。一方学外では、メカニズムアーツ研究会を発足し、会員ともに研究成果の発表の場として各地で物つくりの楽しさを知ってもらうために、からくりの展示実演などの紹介を進めている。

新井俊雄（あらい・としお）
コンセプトプラス株式会社 代表取締役

1952年7月、島根県生まれ。1976年3月、上智大学理工学部機械工学科卒業。1976年4月、ソニー株式会社入社。ウォークマン、CDウォークマン、ラジオカセットなどの設計に従事し、〈設計とは、新しい商品を創造する事〉をモットーに、数多くの特許を取得。2003年1月、2級ファイナンシャル・プランニング技能士の資格取得。2003年2月、ソニー株式会社退社。2003年7月、コンセプトプラス株式会社を設立。2007年4月、夢考房PROJECT発足。「子供達が〈科学への夢〉を育める商品」「私たちの大切な地球にやさしい商品」など子供から大人まで楽しめる〈ものづくり〉を発信中。

ホームページ ▶ www.conceptplus.jp

あとがき

ペーパークラフトを制作する過程では、絵画におけるラフスケッチやデッサンに当たる「ホワイトモデル」、つまり、白い紙で作った試作品がたくさん生まれます。数ミリの寸法の違いが動きに大きく現れる、からくり仕掛けのペーパークラフトであればなおのこと。1つの作品が完成する頃にはいつも、机の周りには無数のホワイトモデルが転がっています。作り終わってしまえばもう用済みではあるのですが、どれも自分の手で組み立てたという思い入れがあるからでしょうか、そのままゴミ箱行きにするのは忍びなく、いくつかは残して棚に並べておくようになりました。真っ白で装飾のない形というのは想像力をかきたてるもの、そうしたホワイトモデルをぼんやり眺めているうちに、思いがけないアイデアが浮かんでくることもあるのです。

これ、このままキットにしてもおもしろいんじゃないか。そう思いついたのは、そうやってホワイトモデルをクルクル回しながら次作の構想を練っていた時です。数点の「からくりペーパークラフト」を完成させていた当時は、動きの大本になる基本的なメカニズムは意外に少なく、身の回りの道具や機械も、精度や動力の差こそあれ、よく見てみれば似たようなしくみで動いていることに気づき始めた頃でした。

どうせなら、そういったメカニズムの原理も一緒に紹介するのはどうだろう、ちょっと参考書っぽいデザインもいいかな、そんな思いつきから生まれたこの本ですが、根っからの文系人間の僕には、なかなかに長い道のりでした。生まれて初めて手に取った「機械工学」なる分野の本、ずらりと並ぶ数式や見慣れぬ記号を前に途方に暮れ、尻尾を巻いて逃げ出しかけたこともありました。折々で専門的なアドバイスをいただいた白井先生、企画の立ち上げ段階から参加していただき、二転三転する構成や内容に根気よくつき合ってくださった新井氏、そして実際に教壇に立つ立場から貴重なご意見をいただいた小林先生に、あらためて感謝いたします。思いつきの企画に出版のゴーサインをもらってから数年間、遅々として進まぬ作業に催促もせず辛抱してくれた集文社の古関社長（兼・ペーパークラフト担当編集者）、何とか創立35周年に間に合わせることができました。

そして何と言っても、いまだ制作途中で間違いだらけの展開図と説明図から、期待をはるかに超える素晴らしいオリジナル作品を作り出してくれた多摩大学附属聖ヶ丘高等学校の生徒の皆さん。夏休み明けにお邪魔した物理教室で、皆さんの力作を初めて目にした時の驚きと興奮は忘れることができません。ありがとうございました。

自分の手を動かしてモノを作る楽しさを、気軽に味わえるのが、ペーパークラフトの良いところ。自分だけのアイデアや工夫を加えることのできる余地も、充分に残したつもりです。この本が皆さんにとって、新しい楽しさを見つける“素”になればと願っています。

2007年4月　坂 啓典

からくりの素 ペーパークラフトブック

2007年5月1日　初版第1刷発行
2008年4月10日　第2版第1刷
2011年3月10日　第2刷
2013年3月15日　第3刷
2015年4月10日　第4刷
2017年4月1日　第5刷
2019年4月20日　第6刷

著・ペーパークラフト制作　坂 啓典

監修　小林雅之（多摩大学附属聖ヶ丘中学高等学校 教諭／2008年より東京学芸大学附属高等学校 教諭）
白井靖幸（日本メカニズムアーツ研究会 会長／千葉工業大学 教授）
新井俊雄（コンセプトプラス株式会社 代表取締役）

Special Thanks to　多摩大学附属聖ヶ丘高等学校の生徒の皆さん

発行者　早川 裕

発行所　株式会社 集文社
〒160-0022　東京都新宿区新宿1-2-1-407
tel:03-5357-7361　fax:03-5357-7362
url : http://www.shubunsha.net

ブックデザイン　坂 啓典／枡川浩平

撮影　枡川浩平

印刷・製本　株式会社 磐城印刷

ISBN978-4-7851-0313-2

4

からくりの素・展開図

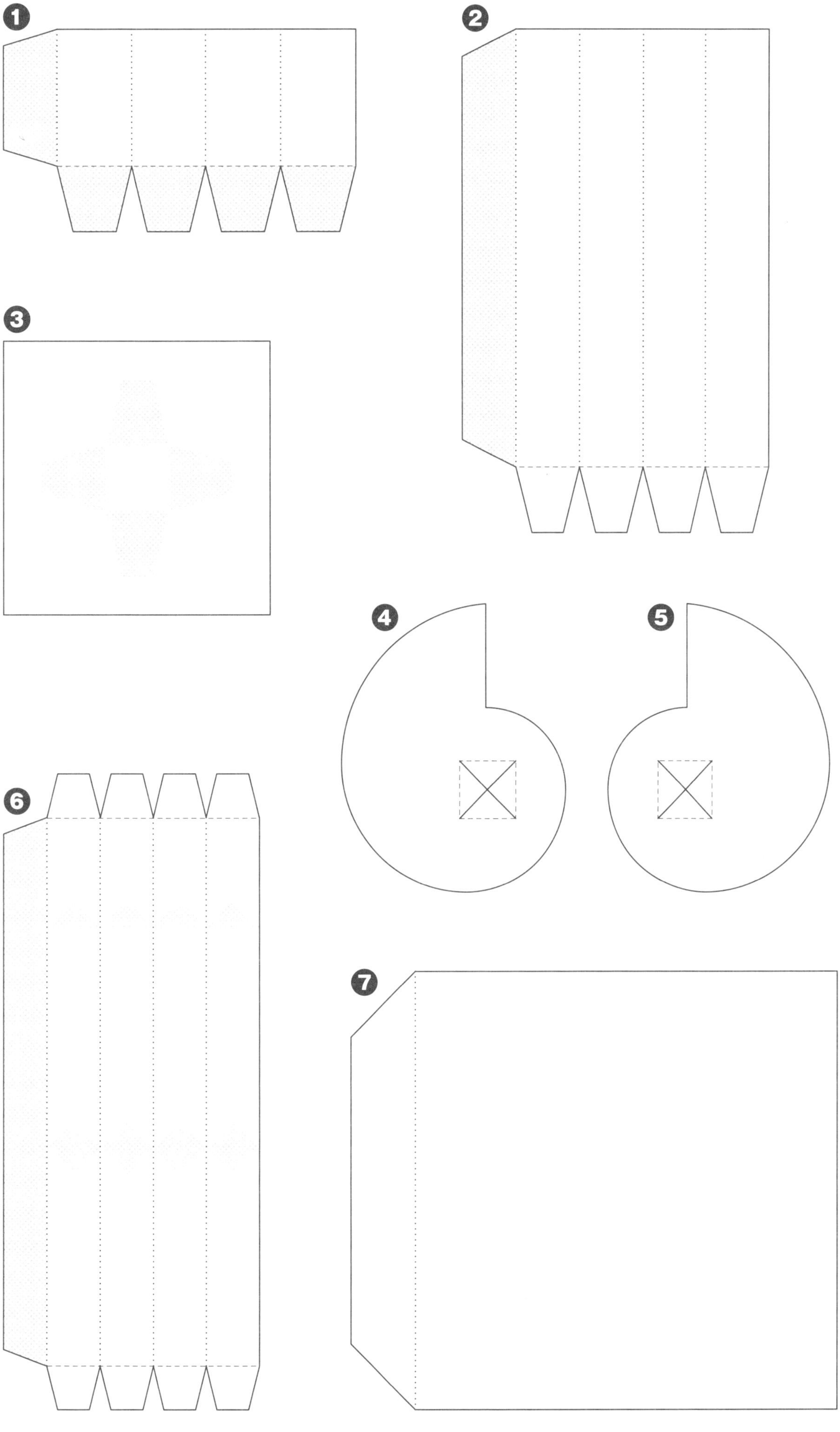
1
2
3
4
5
6
7

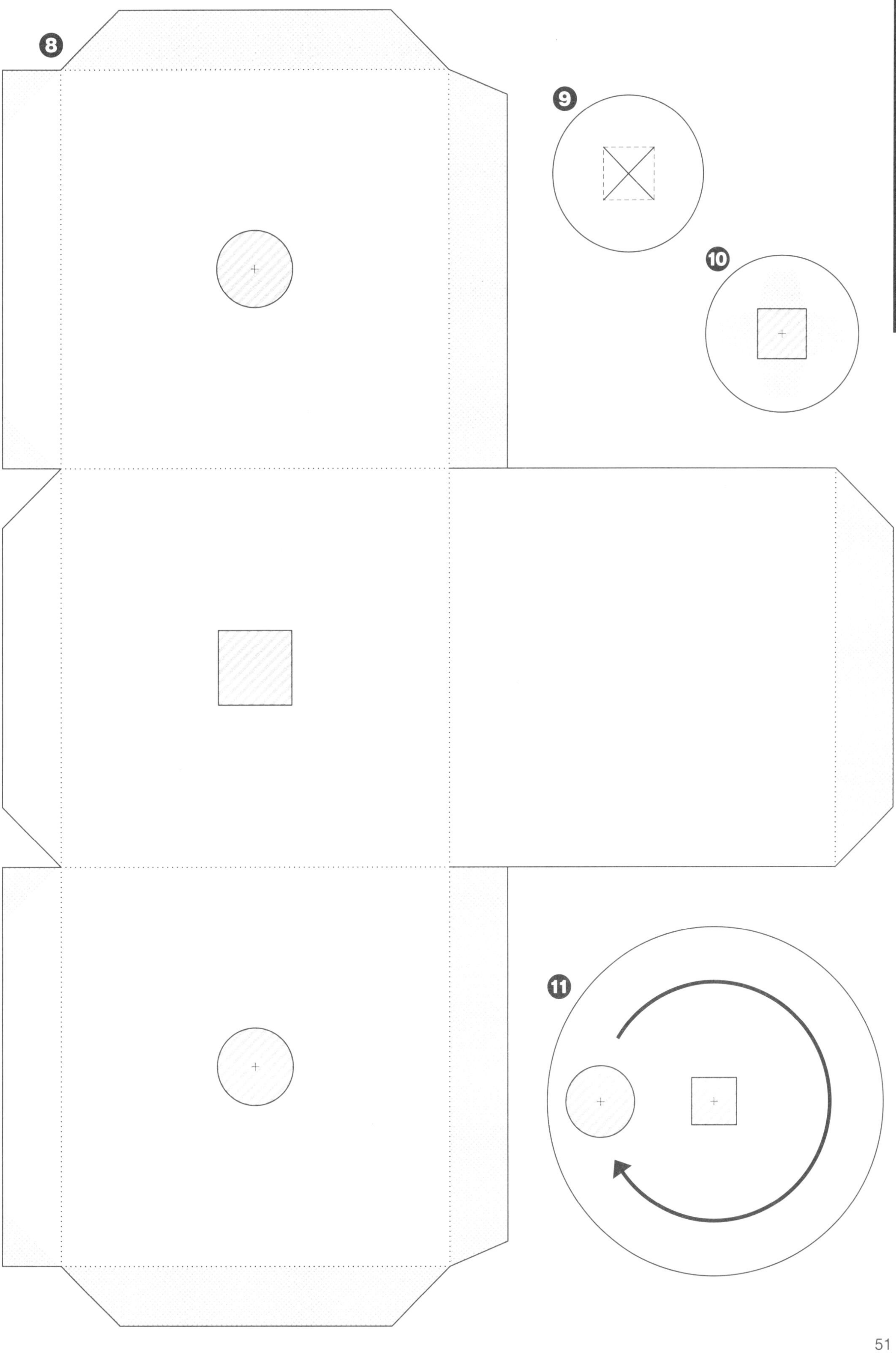
❽
❾
❿
⓫

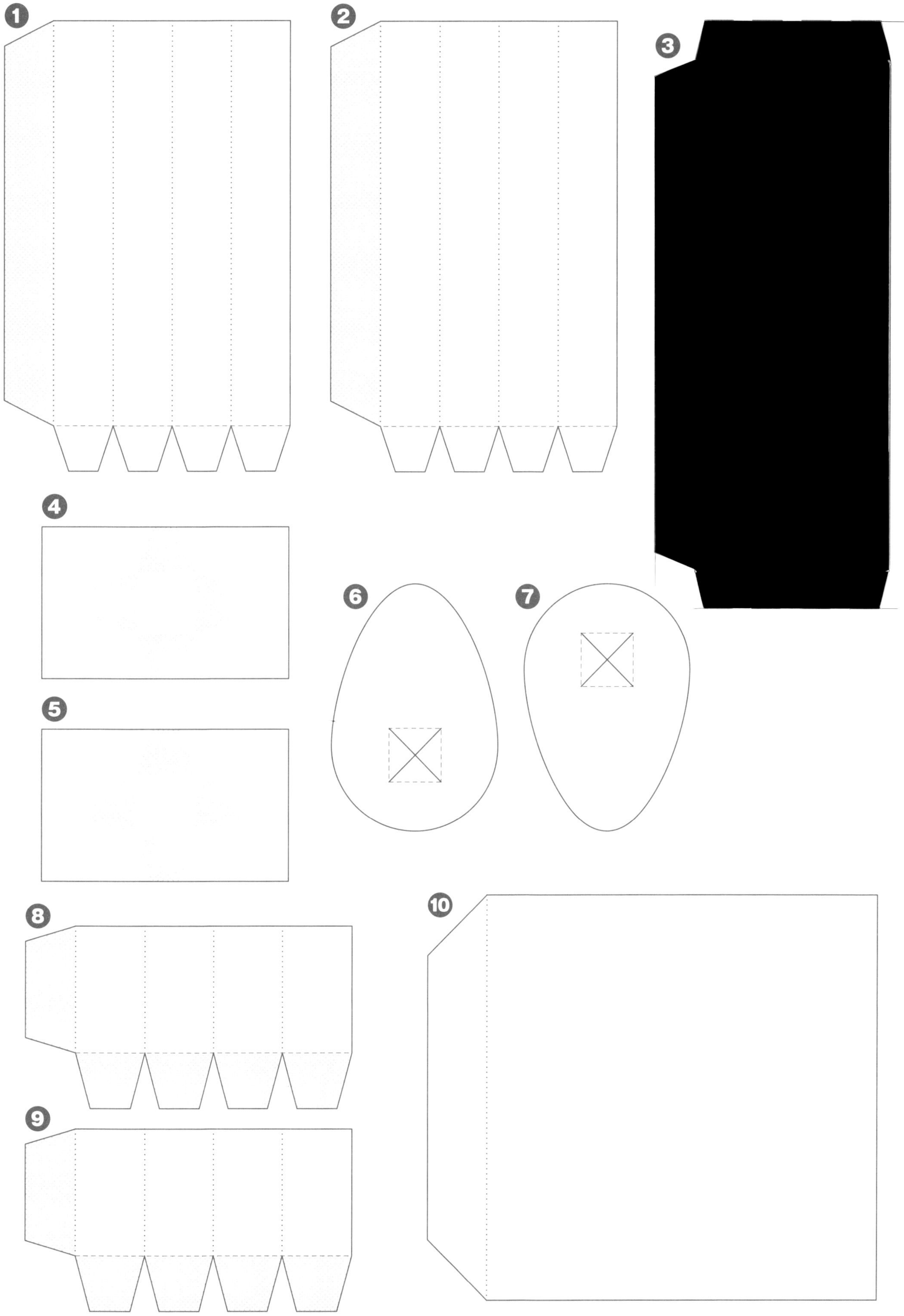
1
2
3
4
5
6
7
8
9
10

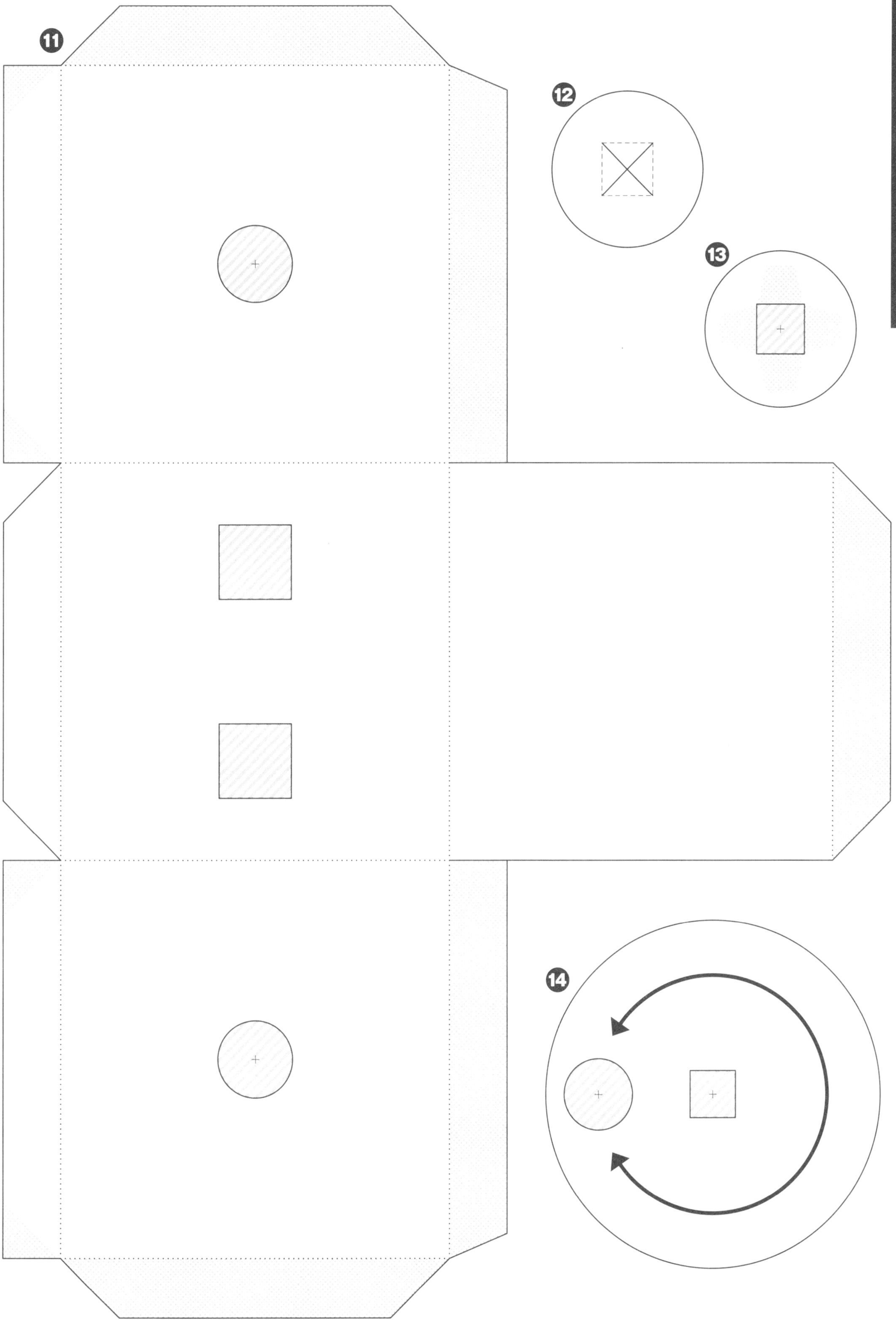
⑪
⑫
⑬
⑭

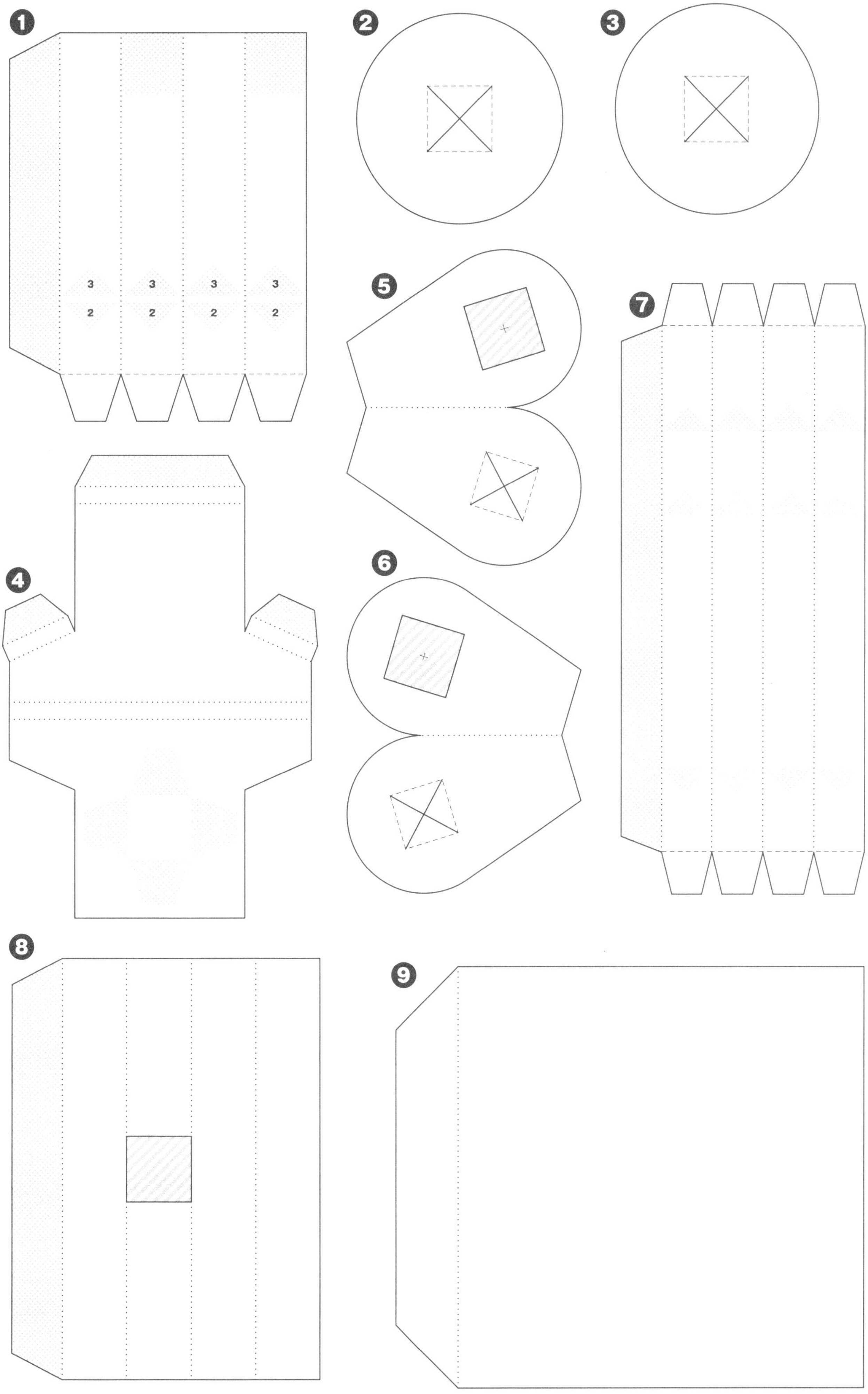
❶
3 3 3 3
2 2 2 2
❷
❸
❹
❺
❻
❼
❽
❾

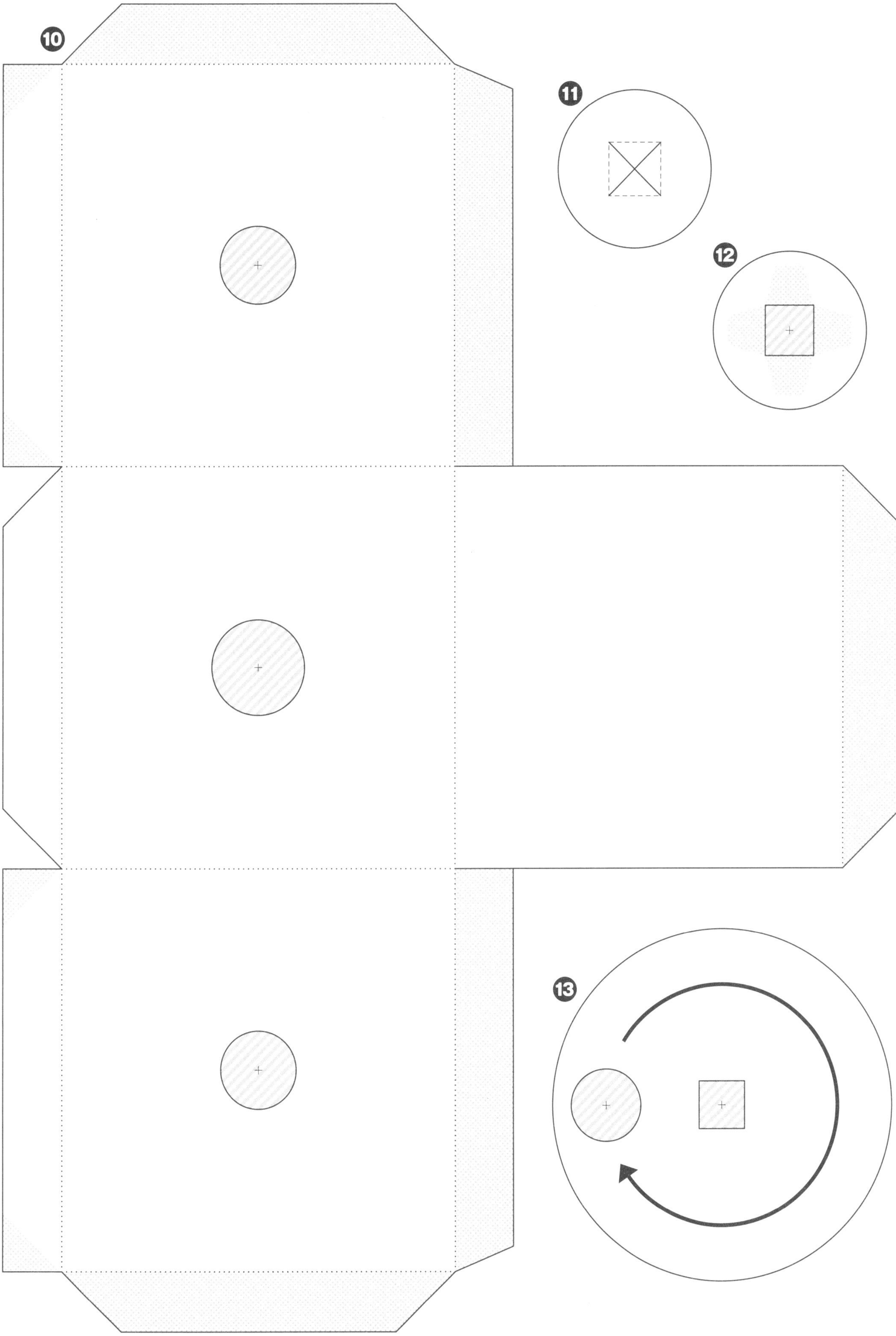
⑩
⑪
⑫
⑬

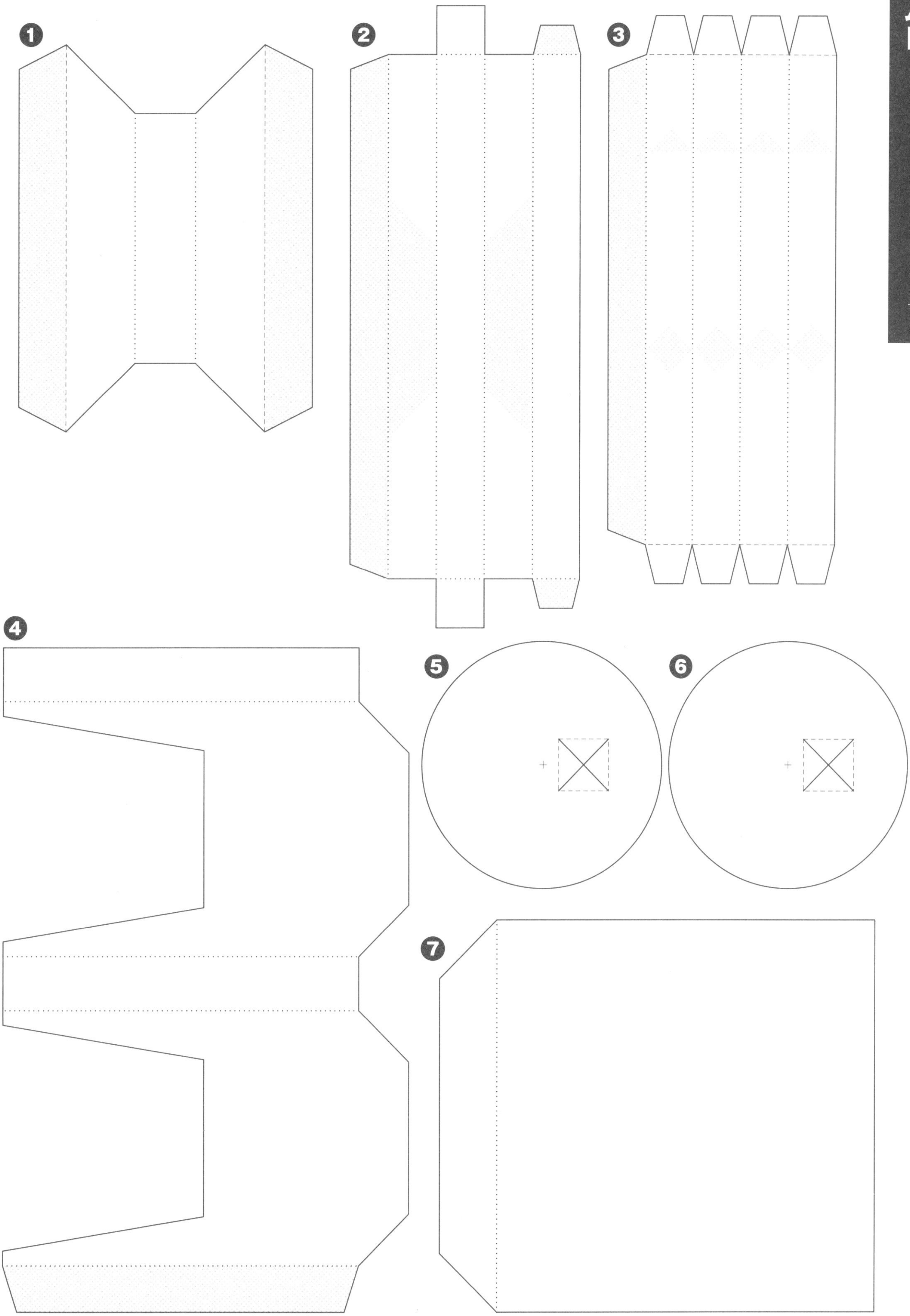
❶
❷
❸
❹
❺
❻
❼

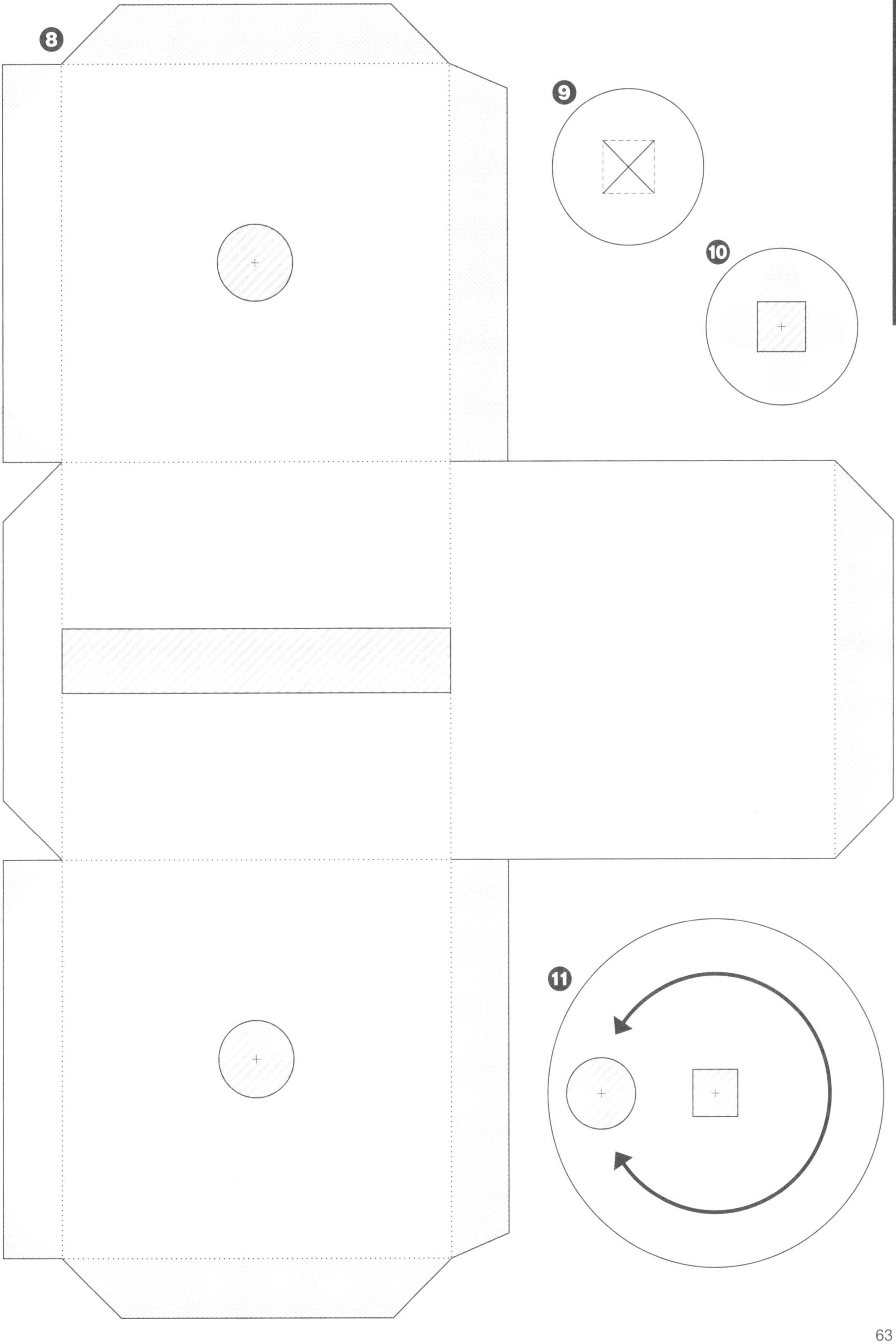
8
9
10
11

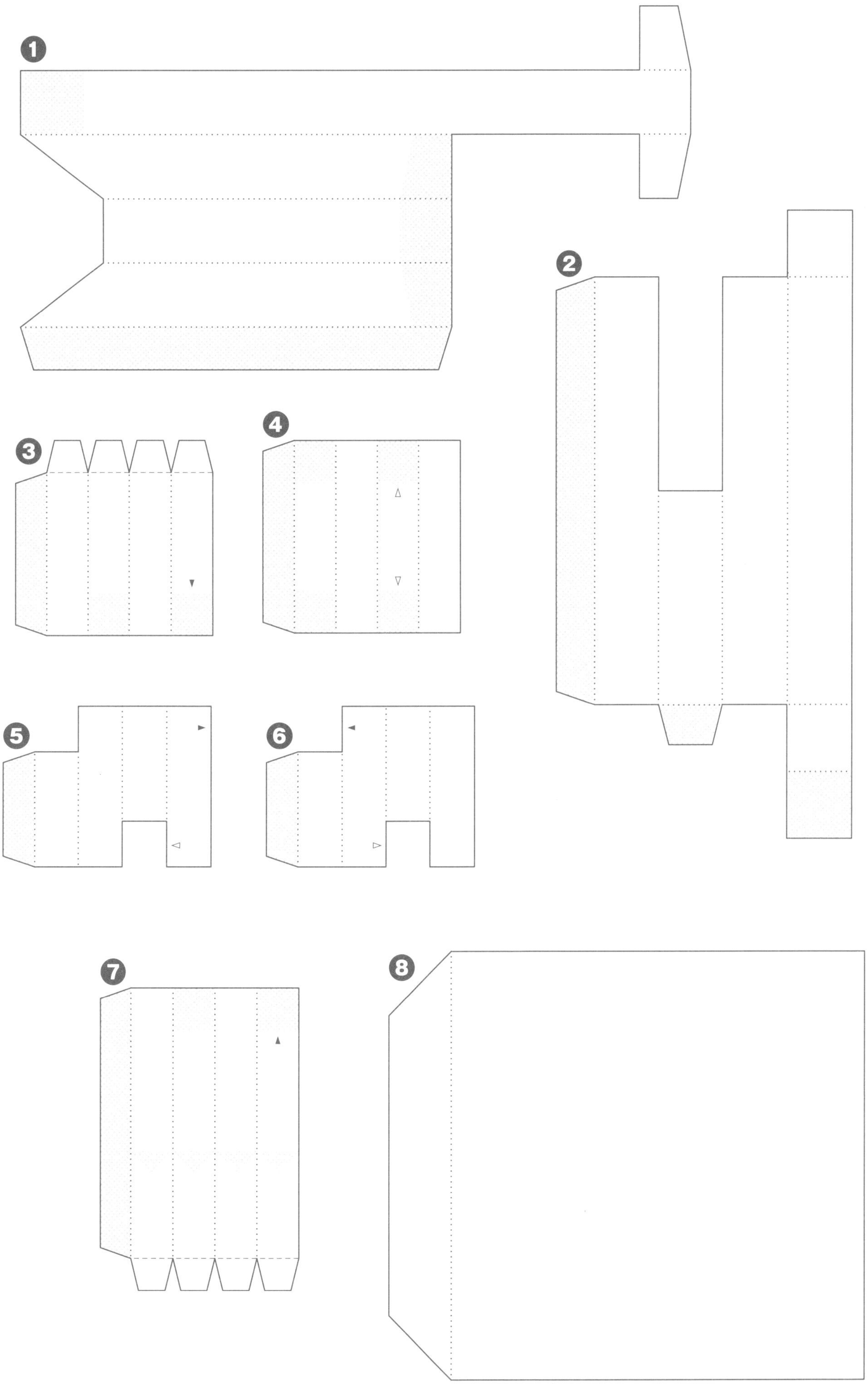
❶
❷
❸
❹
❺
❻
❼
❽

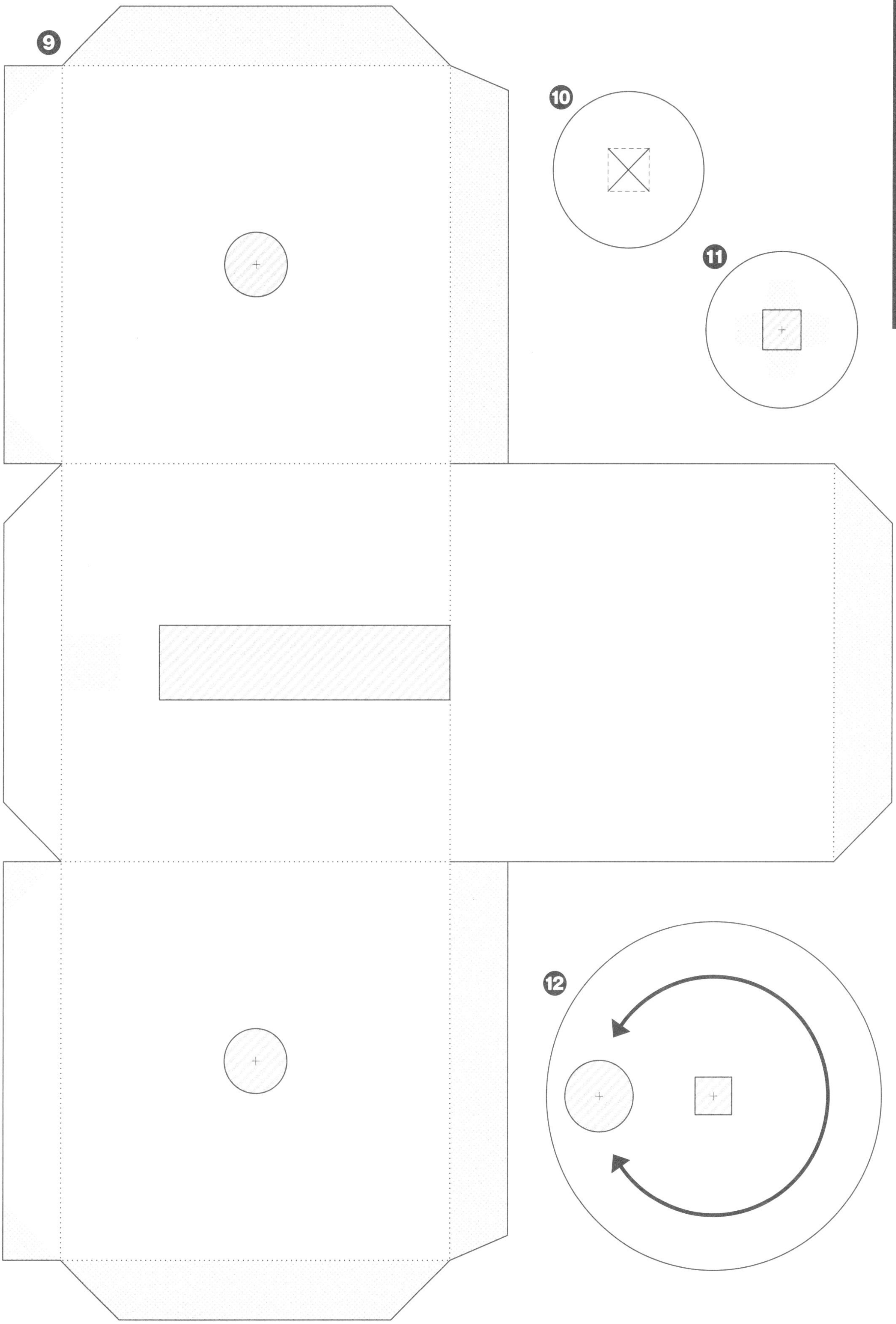
9
10
11
12

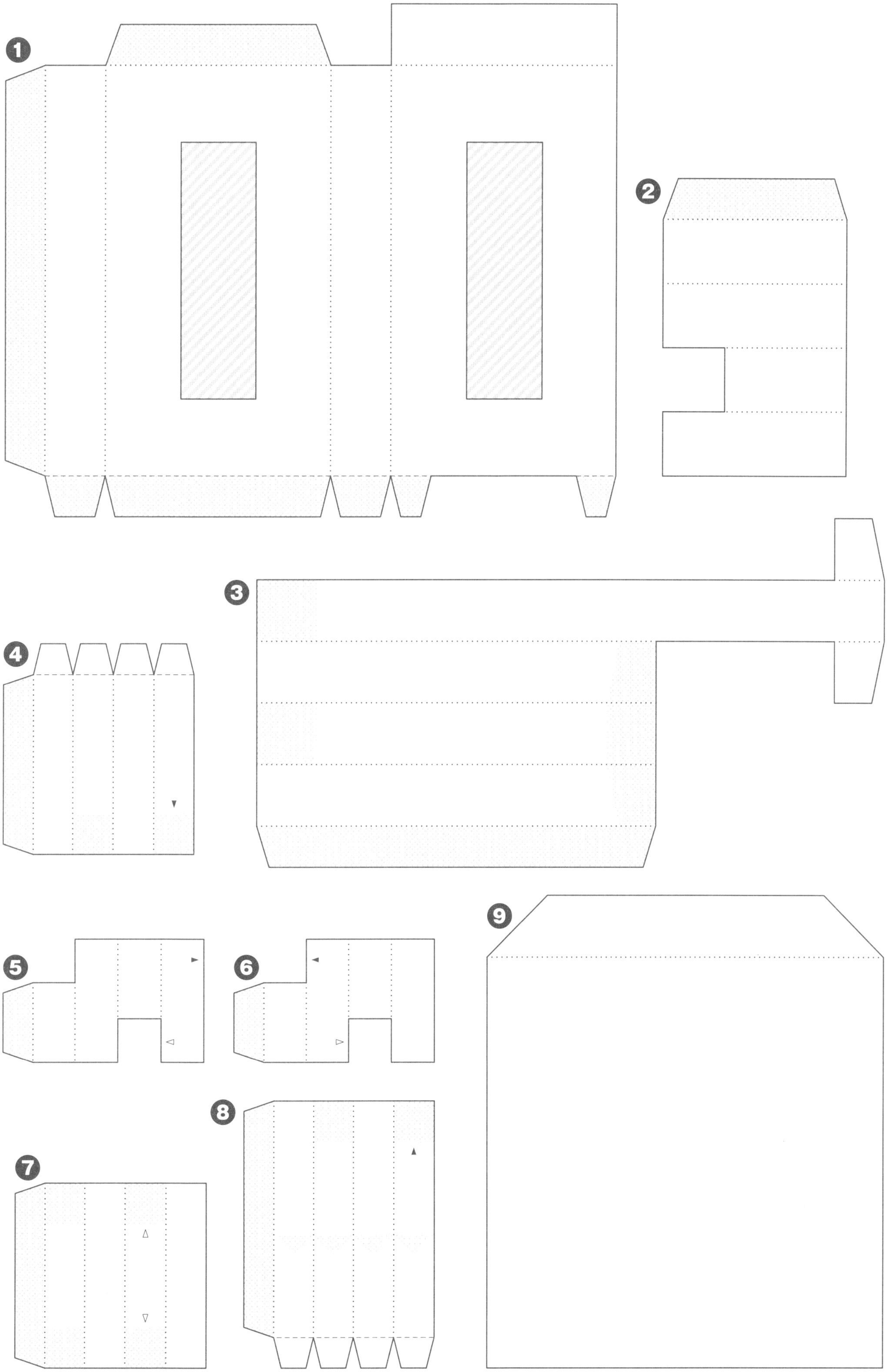
1
2
3
4
5
6
7
8
9

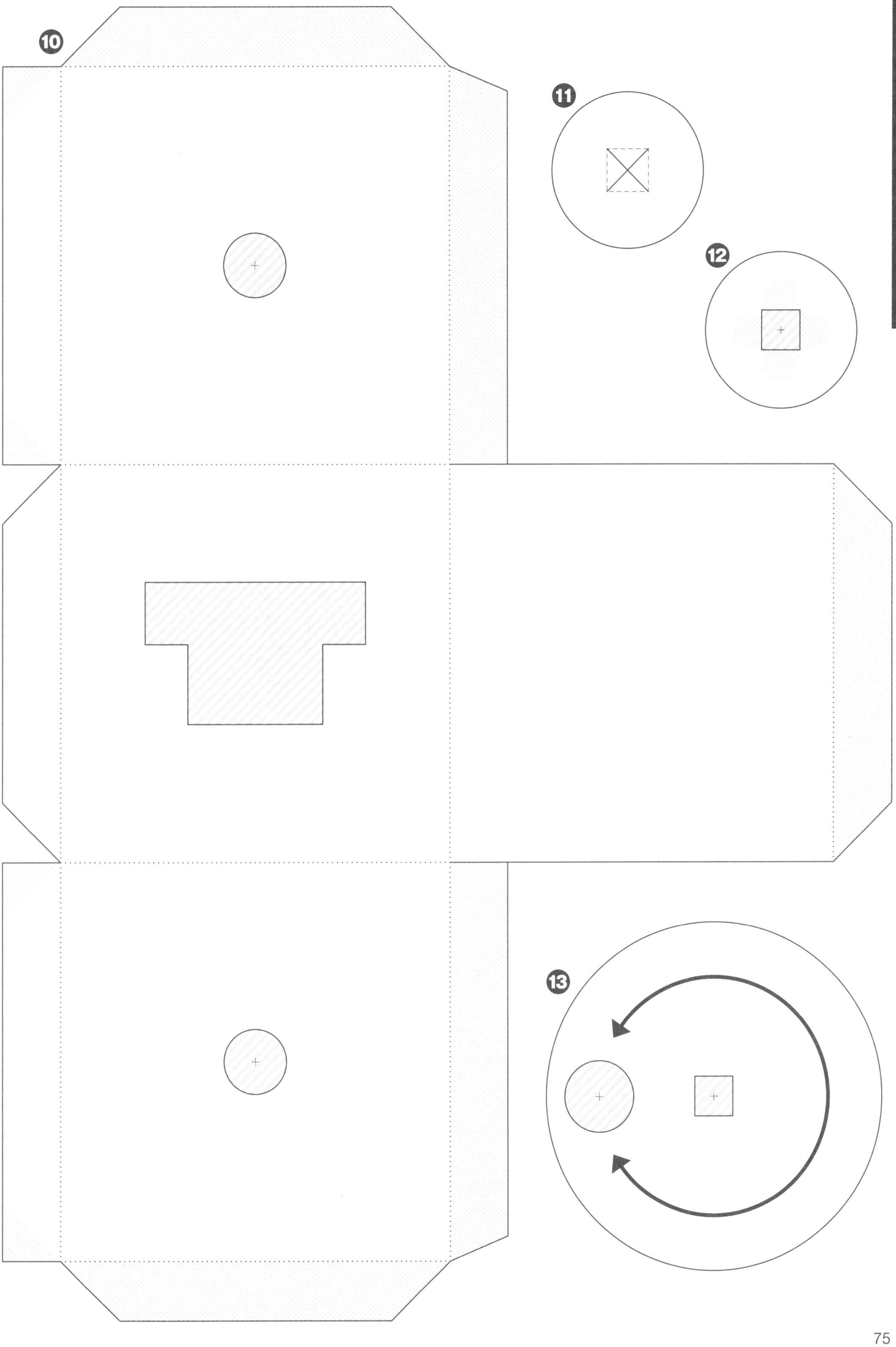
⑩
⑪
⑫
⑬

ギアB

展開図 1/2

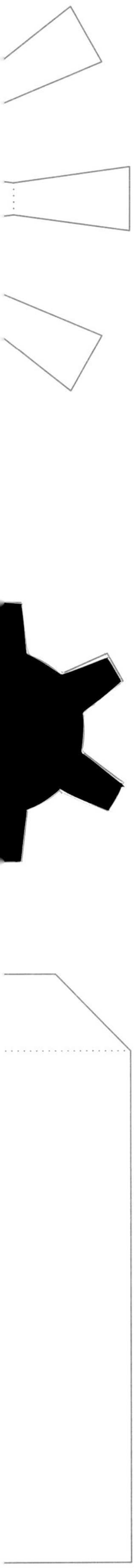

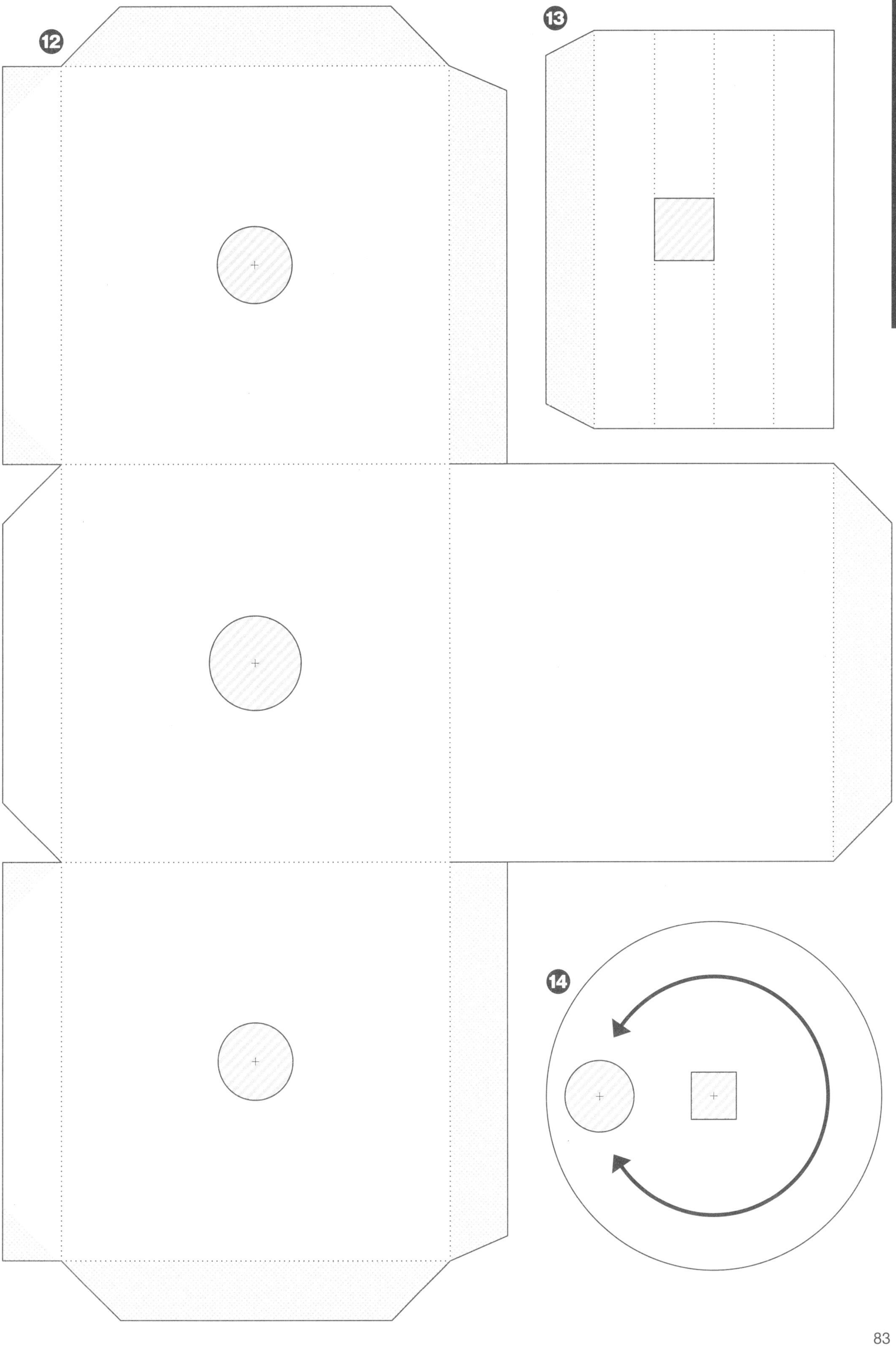
⑫
⑬
⑭

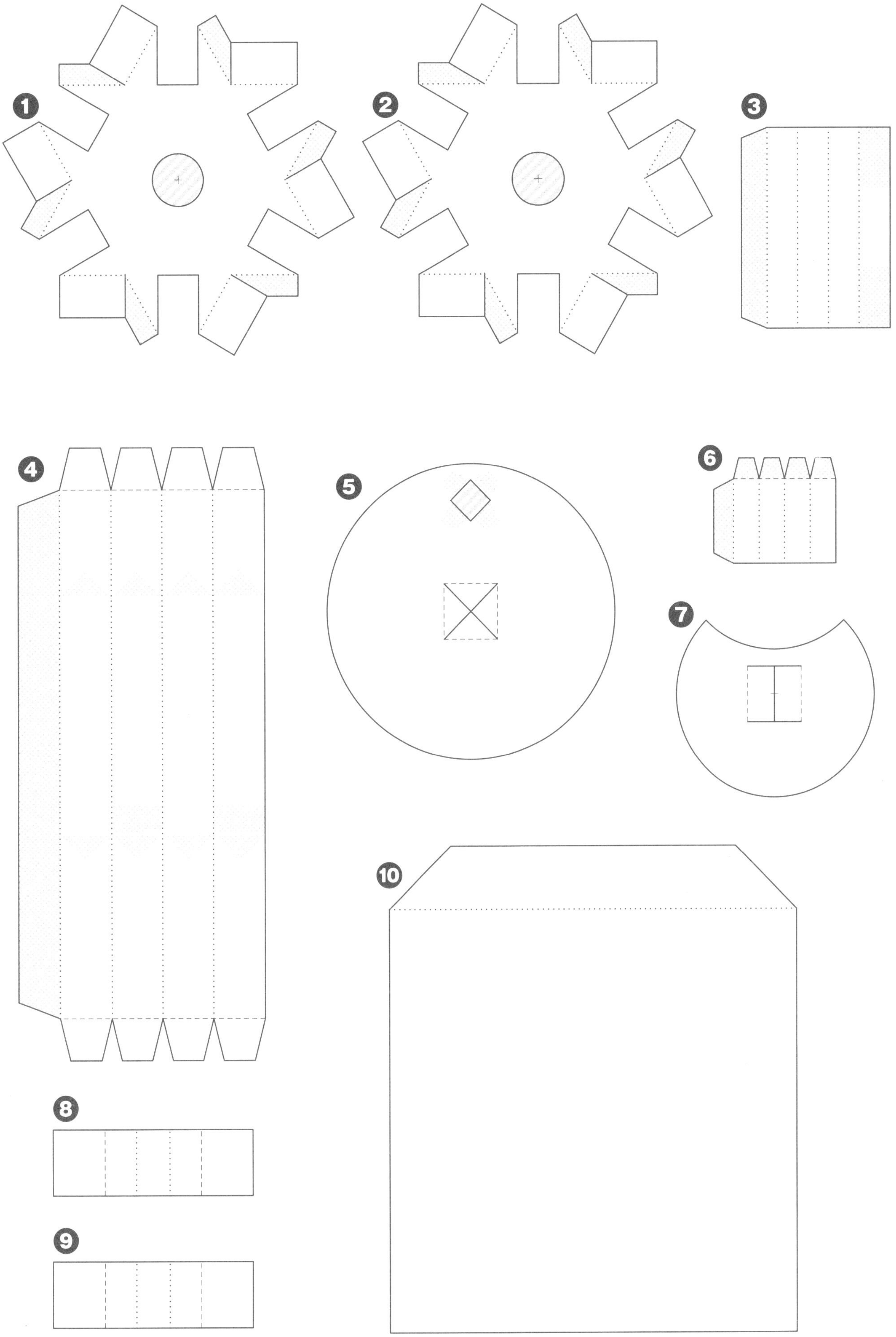
1
2
3
4
5
6
7
10
8
9

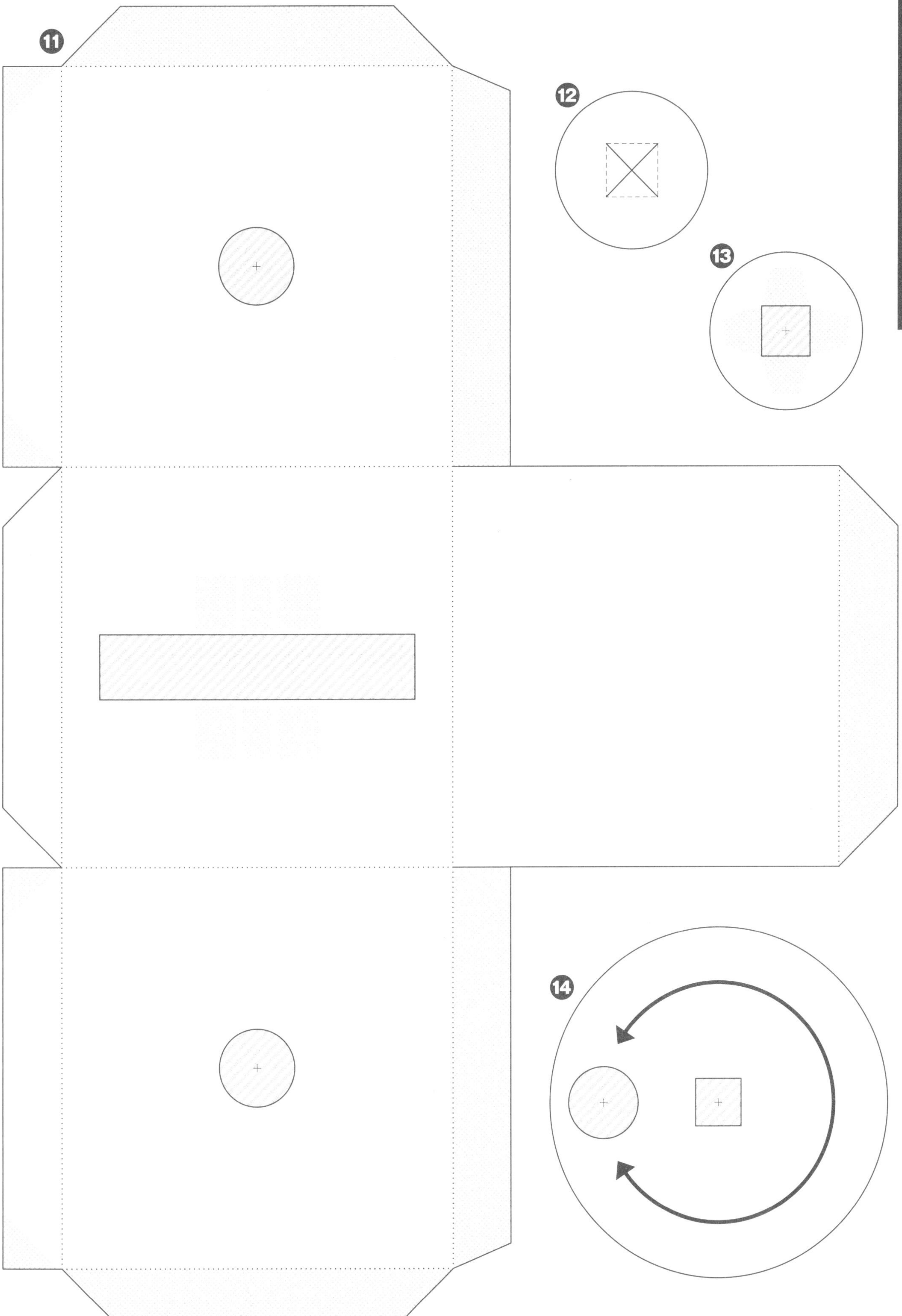
⓫
⓬
⓭
⓮

カムA·B·C·D、ギアA·B、ゼネバストップの7点の「からくりの素」は、複数のモデルを横に並べて接続し、1つのハンドルで回すことのできる、連結モデルとして組み立てることができます。

1 それぞれの展開図に収められた部品の代わりに、以下の■数字の部品を使い、ハンドルがなく、台座の左右に四角い穴の開いた「からくりの素」モデルを何点か組み立てます。組み立てはそれぞれの説明図を参考にしてください。ハンドルがない分、回転軸が短くなり、左右を同じ軸留めで固定する以外は組み立て方法は同じです。
2 好きなモデルを横に並べ、隣り合う穴に「接続パーツ」を差し込みます。のりづけは必要ありません。
3 差し込みハンドルを組み立て、一番端のモデルの穴に差し込みます。いろいろな組み合わせを試してみましょう。

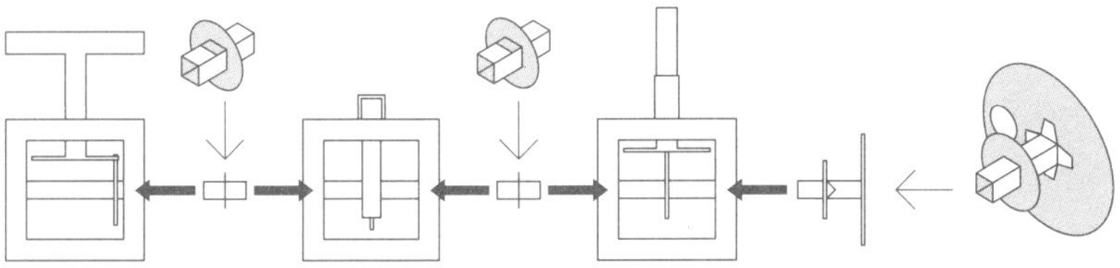

全種共通

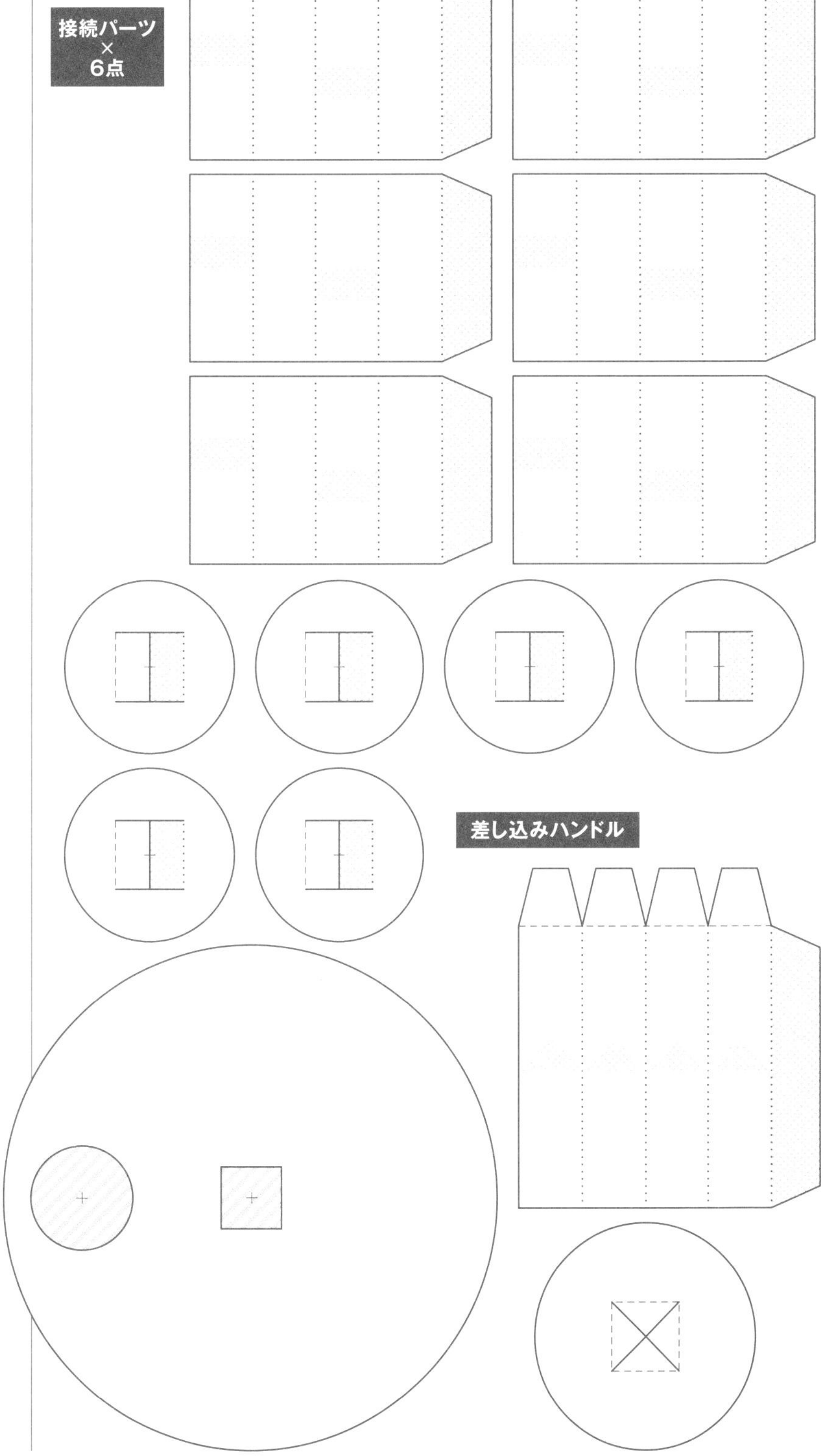

カムA

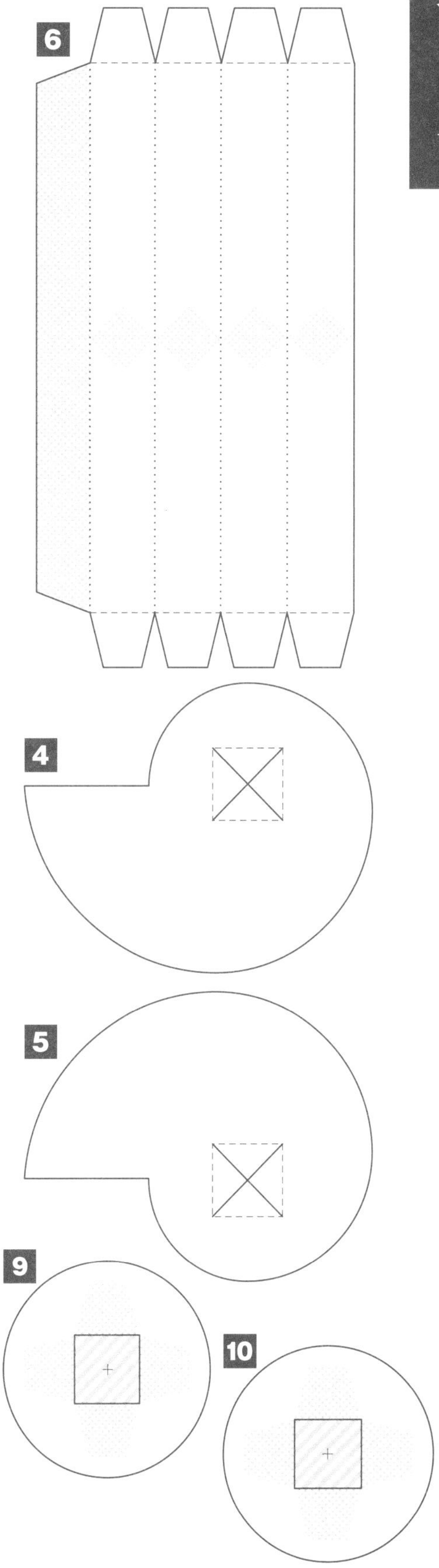

カムB

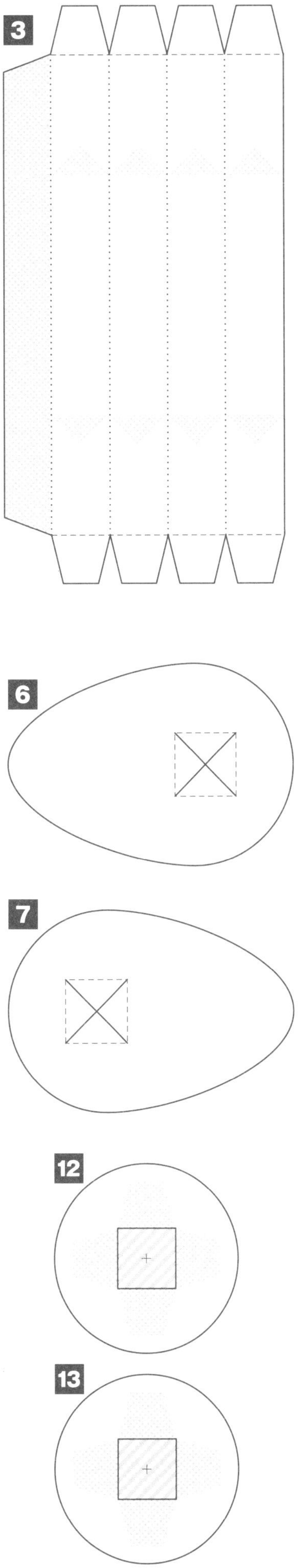

カムC

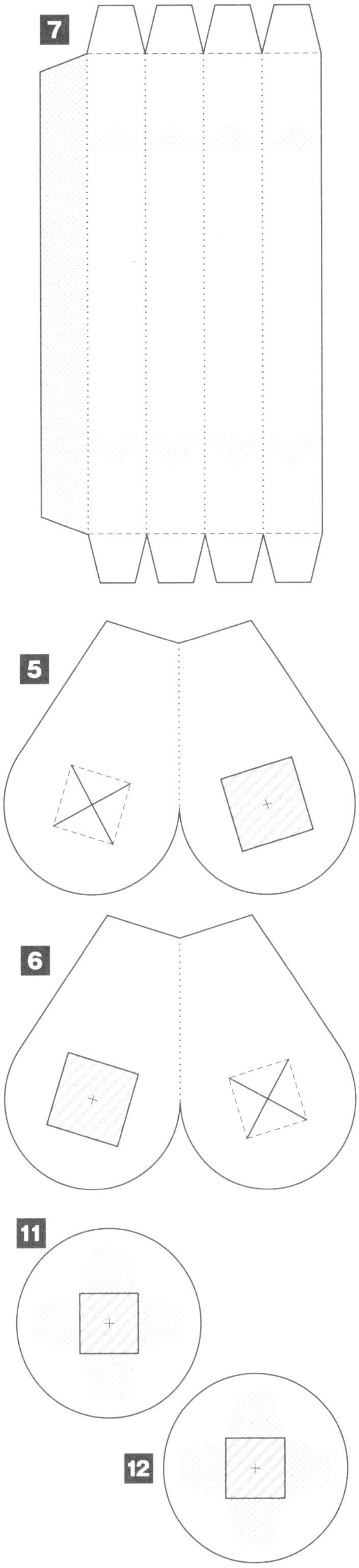

カムD

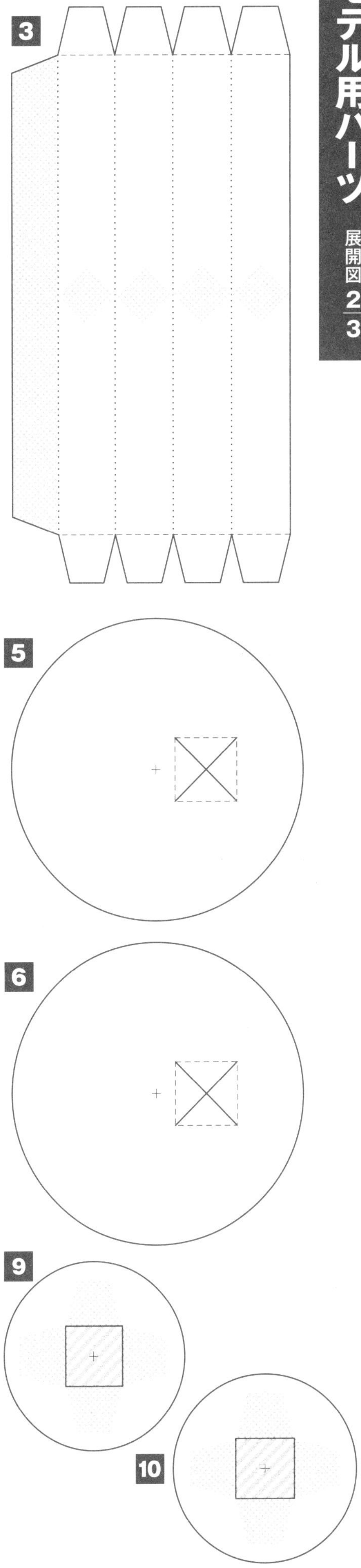

ギアA

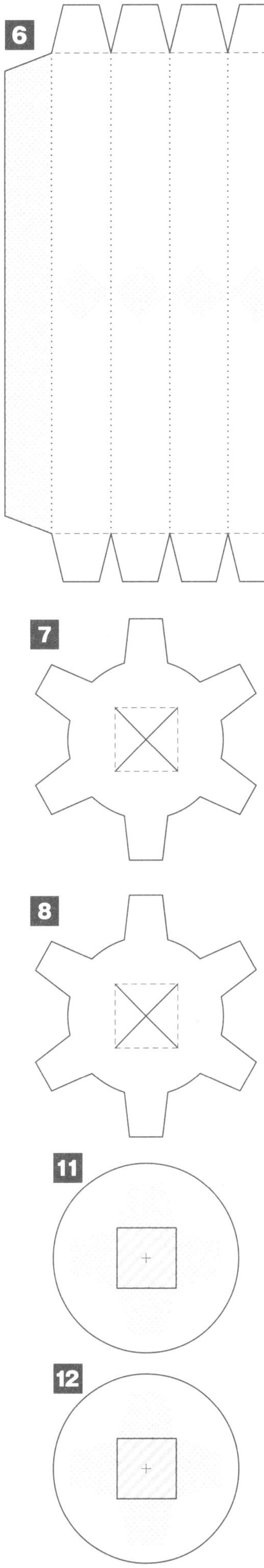

ギアB

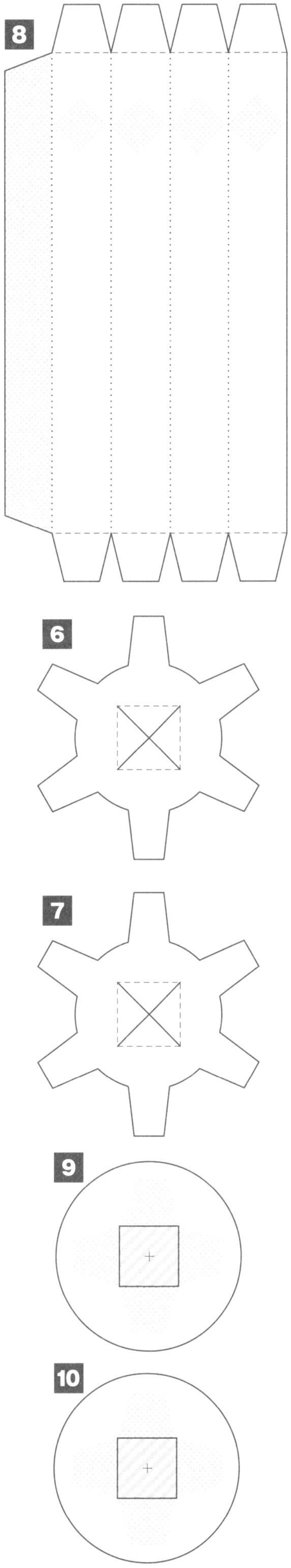

ゼネバストップ

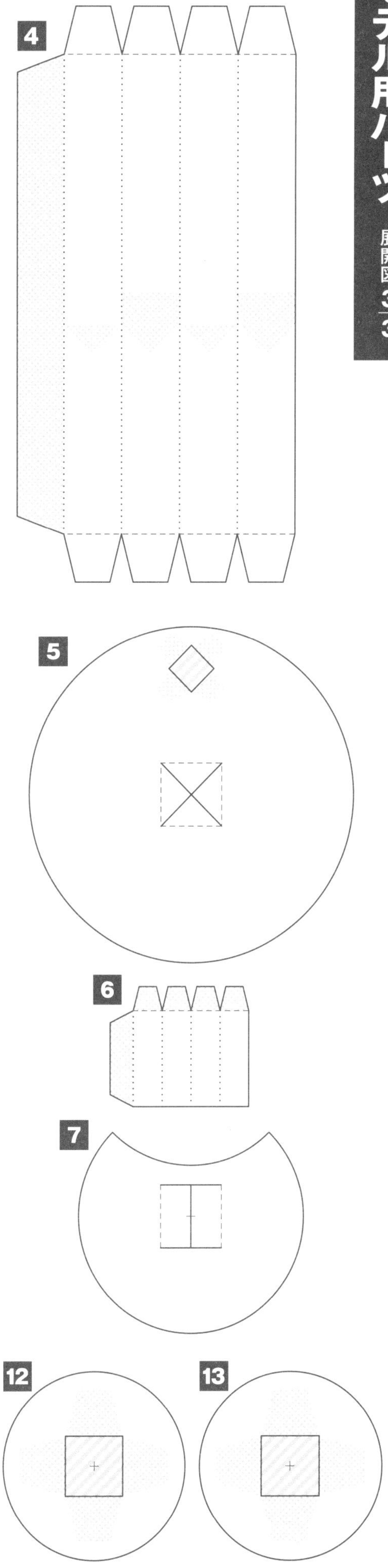